KB096399

중학생활백서

중학생활백서

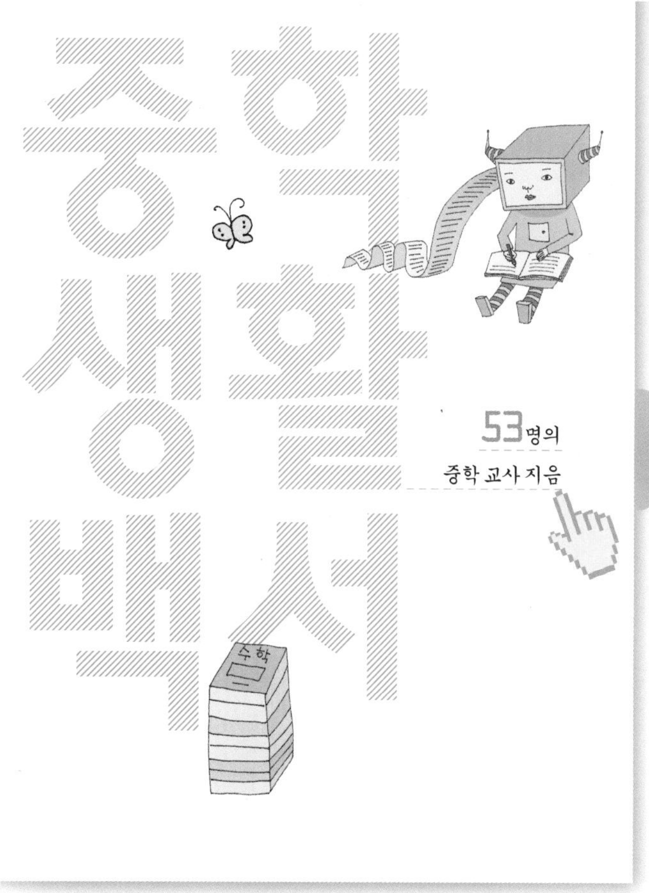

53명의 중학 교사 지음

창비

너 초딩? 딩딩딩딩~

우리는
40분 수업
10분 휴식
얏호!
난 발표를
잘하고 창의
적이야
난 예절
바르고,
아이들과 잘
어울려~
신난다
~^^
열심!!
$\sqrt{a^2} = a$
$x^2 = a$
$a \geq 0$
$\sqrt{a} \cdot \sqrt{b} = \sqrt{ab}$
고맙구나~
뭘요
~♥
연필이
더 좋아

나 중딩!

우리는 45분 수업 10분 휴식 매점이 있지롱~
나도 열심!!
졸지 말아야지
이러다 따라잡히겠어!
쉬는시간에는 매점 가야지...
꼭 이기고 말거야
왠지 공부가 잘 될 것 같은 샤프야~
또 떨어졌어... ㅠㅠ
등수가 없던 초딩 때가 그립다...
난 올랐는데~
중학생이 되니... 과목마다 선생님이 달라서 꽃값이 너무 많이 드네... ^^;;

너 초딩?

딩딩딩딩~

귀여운 초딩들이 네…
나도 저 언니처럼 교복 입고 싶다~
난 머리 자르기 싫어~
샤방~ 샤방~
나는 로봇이 되어 지구를 위협하는 외계인을 무찌를 거야!!
야, 꼬맹아! 공 좀 주워 와~!!
궁시렁~
쟤는 남자야~ 여자야~
궁시렁~

나 중딩!

난 교복이 좋은데...
두발 자유를 보장하라!!
으샤으샤
science book
로봇을 만드는 과학자가 되어야지~!!
로봇
축구 경기장
꼬맹이가 언제 저렇게 큰거지??!!
축구.. 보러.... 갈... 래??
내가 왜 너랑 가냐!

차례

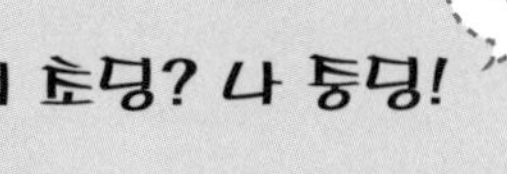
너 초딩? 나 중딩!

넷. 성적과 공부 106

다섯. 친구 148

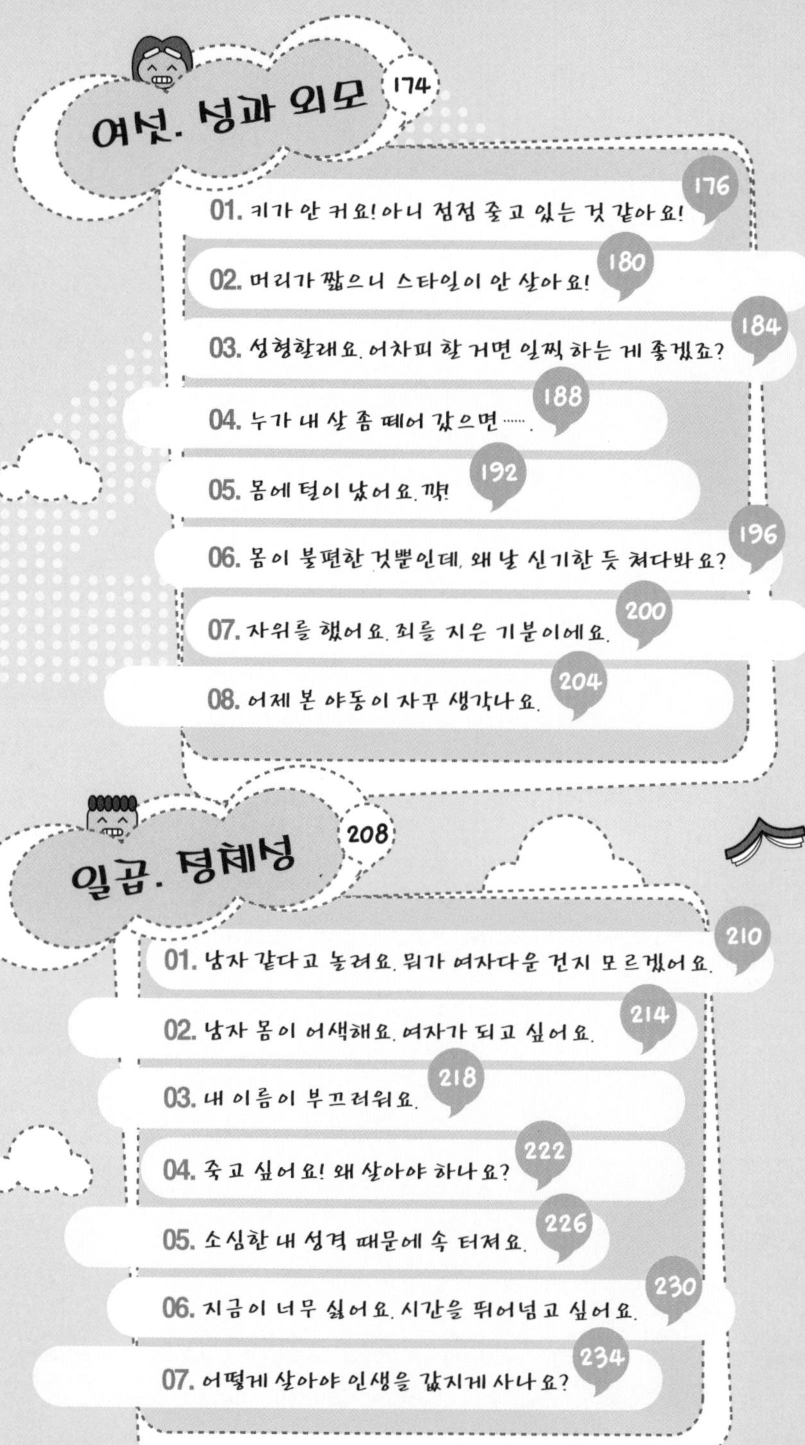

여섯. 성과 외모 174

일곱. 정체성 208

하나
꿈과 희망

1	정말 멋진 오빠, 온종일 오빠만 생각나요.		
작성자	내눈엔오빠만!	**댓글**	3

전 A 오빠가 정말 좋아요. 노래도 잘하고, 춤도 잘 추고, 잘 생기기까지……. 엄마는 시간 낭비라고 하지만 콘서트에도 가고 팬클럽에도 가입하고 싶어요. 이젠 꿈에서도 매일 오빠를 만나요. (/^o^)/♡

팬이야 ::: A 오빤 내 거야. 관심 끄시지~

남친최고 ::: 진짜 남친을 사귀어 보는 건 어때?

팬질의맛 ::: 용돈 모아서 엄마 몰래 팬클럽에 가입해!

제유리 선생님의 답글입니다.

선생님도 너만 할 때 대중 가수에 열광하던 극성팬이었단다. 요즘처럼 인터넷도 케이블 방송도 없던 그때, 선생님은 매일같이 신문을 뒤져 가며 그 가수가 나오는 방송을 녹화해서 몇 번이고 다시 봤어. 학교에선 친구들과 브로마이드며 사진을 교환하는 일로 쉬는 시간을 다 보냈고 다른 가수를 좋아하는 친구들과는 서로 말다툼을 하기도 했지. 한번은 부모님 몰래 공연장에 갔다가 사람들에 깔려 죽을 뻔했다는 거 아니니. 그날을 생각하면 어휴~

선생님은 지금 네가 오빠를 생각하는 그 시간이 얼마나 행복한지 잘 알겠어. 너를 향한 부모님의 시선이 얼마나 따가운지, 또 공연장에 가고픈 마음과 공부를 해야 한다는 마음 사이에서 얼마나 갈등이 심한지도 말이야. 네가 좋아하는 오빠의 팬 카페에도 너처럼 고민하는 친구들이 참 많지? 당장 학교에서 만나는 친구들도 그럴 테고.

하지만 오빠를 좋아하면서 너에게 곤란한 경우만 생긴 것은 아니리라 믿어. 하루 종일 쌓인 스트레스는 오빠의 음악을 들으며 모두 풀 수 있을 거야. 그렇지? 그리고 오빠를 보면서 너도 무엇인가 열심히 해야겠다는 생각을 할 수 있겠지. 최고가 되기 위해서 오빠가 얼마나 노력하는지 진짜 팬이라면 잘 알 테니까 말이야.

그렇다면 진짜 멋진 팬의 모습은 어떤 것일까? 오빠를 좋아하면서 자기 생활도 열심히 하는 사람이 아닐까? 난 네가 오빠를 생각하며 보내는 행복한 시간이 기분 좋게 공부할 수 있는 에너지가 된다면 좋겠어. 하루의 공부 목표량을 정해서 그 목표를 달성하고 난 다음, 홀가분한 마음으로 오빠가 나오는 방송을 보고 팬 카페에 방문하며 다시 에너지를 충전하는 거야.

물론 책만 펼쳐도 자꾸 오빠 생각이 나겠지. 처음에는 쉽지 않을 거야. 그러니 처음부터 공부 목표량을 너무 크게 잡지 말고, 조금씩 늘려 가렴. 아마 부모님께서도 달라지는 네 모습을 보며 오빠에 대해 조금씩 긍정적으로 생각하시게 될 거야. 어느 날 피곤한 몸으로 들어선 네 방에서 부모님이 구해 놓은 오빠의 콘서트 입장권을 발견하게 될지도 모른다고 생각하면 기운이 막 나지 않니?

누군가를 진정 사랑하는 사람은 자신을 먼저 사랑할 줄 아는 사람이라는 말이 있어. 자, 네가 먼저 너 자신의 팬이 되어 보자. 스스로를 사랑하고 격려하면서 너의 하루하루가 오빠의 하루만큼 알차고 빛나도록 해 보자. 오빠의 팬으로서 부끄럽지 않게 말이야. 지금 이 시간은 네가 더욱 발전할 의미 있는 시간이 될 수 있어. 자, 지금부터 시작이다.

P. S. 사실 선생님도 말이야, 학창 시절의 '그 오빠'를 아직 좋아한단다. 오빠는 여전히 멋지고 오빠의 음악은 더욱 환상적이야!

에너지
충전!!

게임이 너무 좋아요. 다른 건 재미없어요.

작성자	게임광	댓글	4

전 게임이 너무 좋아요. 엄마가 집에 안 계실 때 하루 종일 게임만 한 적도 있어요. 학교에 가서도 게임 생각만 해요. 노트에 필기 대신 게임 공략법만 잔뜩 썼다가 선생님한테 혼난 적도 있어요. 어떻게 하면 게임을 줄일 수 있을까요? 아, 이 글을 쓰면서도 자꾸 마우스로 손이 가요. 근질근질.

어부바 ::: 그러라고 사 준 컴퓨터가 아닐 텐데…….

강철다리 ::: 게임 안 하는 약 5만 원에 팝니다. ㅋㅋ

끙가로 ::: 저기, 강철다리 님아. 게임 잘하는 약은 없수?

엄친딸 ::: 이상하네. 난 공부가 더 재미있는데.

이규훈 선생님의 답글입니다.

네가 쓴 글을 읽다 보니 선생님의 중학생 시절이 새록새록 생각나는구나. 선생님도 중학생 때 학교 공부가 끝나면 곧장 전자오락실로 달려갔단다. 지금처럼 컴퓨터가 흔하지 않았고, 피시방도 없던 때라 게임에 열광하는 학생들로 전자오락실은 늘 붐볐지. 재미있었던 것은 전자오락실 문에 붙어 있던 '두뇌 개발, 지능 향상'이라는 글귀였는데, 선생님은 그 말을 진짜로 믿고서 매일 오락실에 갔단다. 한번은 이런 일이 있었어. 방과 후에 습관처럼 전자오락실에서 게임을 하고 나오는데 문 앞에 어머니가 와 계신 거야. 어머니 아시는 분이 매일같이 전자오락실에 드나드는 나를 발견하고 전화로 알려 주셨던 거지. 많이 혼났냐고? 음, 눈물이 쏙 빠지도록 혼났지. 그래도 또 가게 되던걸. 선생님도 너처럼 게임에 풍덩 빠져서 허우적대며 못 빠져나왔어.

지금도 밤을 새우면서 게임하는 학생들이나 피시방에서 게임하느라고 학교도 안 가는 학생들이 종종 있지. 그 친구들은 게임을 삶의 전부로 생각한다고 볼 수 있어. 아니, 자기도 모르게 게임이 삶의 전부가 된 것이지. 물론 게임 자체가 나쁜 것은 아니라고 생각해. 선생님도 온라인 게임을 하면서 문제를 해결하고 레벨이 한 단계 올라가는 성취감을 맛본 적이 있어. 왜 아이들이 게임에 열광하는지 조금은 이해하겠더구나. 또 어떤 아이들은 게임을 잘하기 위해 일본어를 배우고 다른 나라 역사도 공부한다던데, 이런 경우는 스스로 게임을 이끌어 가며 즐기는 것이니 나쁘다고만 할 수는 없을 거야.

문제는 게임에 끌려가는 경우라고 생각해. 누구나 처음 게임을 할 때에는 호기심에서 시작하지. '무슨 게임일까? 어떻게 하는 걸까?' 하면서 말이야. 그러다가 게임에 점점 빠져 스스로 통제할 수 없는 지경이 되기도 하지. 집에 돌아와 가방을 내려놓기도 전에 컴퓨터를 켜거나, 모니터를 보면서 밥을 먹는다면 그건 이미 게임에 중독된 거라고 볼 수 있어. 너의 경우도 꽤 심각한 것 같구나. 하지만 너는 스스로 문제의 심각성을 느끼고 게임 시간을 줄이고 싶다고 생각하니까 개선의 여지가 있어.

자, 그럼 이제 그런 고민을 해결하기 위해 행동해야겠지? 일단 혼자 고민하지 말고 조언을 구해 봐. "백지장도 맞들면 낫다"는 속담처럼 주위의 도움을 받으면서 조금씩 노력해 보는 거야. 게임을 줄이겠다는 너의 다짐을 실천하기 위해 일단 부모님이나 선생님 앞에서 그 다짐을 선포해 보는 건 어떨까? 이를테면, 몇 시간씩 하던 게임을 언제까지는 어느 정도로 줄이겠다고 말씀드리는 거지. 그러다가 또 게임을 할 것 같다고? 창피하다고? 후후, 스스로를 한번 믿어 봐. 지금까지 이런 다짐과 실천을 해 본 적이 없다면 더욱 좋은 기회가 되겠지. 그리고 게임만큼 재미있는 것을 찾아보는 거야. 선생님은 요즈음 배드민턴에 푹 빠졌단다. 올림픽에서 금메달을 딴 우리나라 선수들보단 못하지만, 힘차게 라켓을 휘두르다 보니 건강도 좋아지고 스트레스도 사라지더구나. 너도 게임보다 더 잘할 수 있는 것을 찾아봐. 또 그간 잊었던 즐거움들을 떠올려 보는 거야. 게임에 몰두하지 않던 시절을 떠올려 보면 네가 즐길 것들이 의외로 많다는 것에 놀랄걸.

아직 너에겐 시간이 많아. 네가 할 수 있는 것이 얼마나 많은지 잘 모르잖아. 일단 수많은 경험들로 스스로를 채워 보자. 시작이 반이라는 말처럼 지금 당장 결심을 실천에 옮기는 거야. 하나씩 실천하다 보면 어느 순간 변한 네 모습에 놀랄지도 몰라. 기대되지 않니? 잘할 수 있어. 힘내!

지름신이 내렸어요. 신상은 많은데 돈이 없어요.

작성자	질러맨	댓글	3

저는 갖고 싶은 것이 너무 많아 고민이에요. 용돈은 얼마 되지 않는데 친구들이 새로 산 물건을 자랑하면 참을 수가 없어요. 게다가 광고까지 보고 나면 그걸 가질 때까지 다른 일을 할 수가 없어요. 부모님께 매번 돈 때문에 꾸중을 들어요. 처음에는 부모님께 미안한 생각도 들었는데, 이젠 그저 돈이 생기면 무엇이든 사고 싶은 생각뿐이에요.

짠소금 ::: 은행을 털지 그러셔. ㅋ

질러질러 ::: 일단 지르고 보는 거지 뭐.

정신차려 ::: 연예인이 들고 나오는 게 너한테 어울리기나 해?

김명순 선생님의 답글입니다.

선생님도 학창 시절에는 용돈이 턱없이 부족하기만 했단다. 형편이 조금 나은 아이들은 친구들 앞에서 기분을 내며 이것저것 먹을 것을 사 주기도 하고, 유명 상표의 신발이나 가방 등을 손쉽게 사기도 했지. 하지만 대부분의 아이들은 그럴 수가 없었어. 기껏 해야 책값을 속인다든가 해서 갖고 싶은 것들을 샀지.

내 동생이 고등학생이었을 때 이런 일이 있었어. 동생은 당시 유행하던 유명 상표 운동화를 가지고 싶었던 모양이야. 시골에서 어렵게 농사지어 학비를 대시던 부모님을 사흘간이나 졸졸 따라다니며 졸랐지. 결국 거금을 들여 그토록 갖고 싶어 하던 초승달 모양의 상표가 그려진 신발을 손에 넣었단다. 그날 동생은 너무 좋아 머리맡에 신발을 두고 잠을 잤다나 뭐라나. 그리고 이튿날 그 신발을 신고 학교에 갔는데, 이걸 어째! 신발장에 두었던 신발이 수업 후 감쪽같이 없어진 거야. 누군가가 슬쩍 집어간 거지. 세상을 다 잃은 듯 풀 죽은 모습으로 집에 들어오던 동생 모습이 지금도 눈에 선하구나.

물질적인 것에 얽매이지 않으려고 애쓰는 선생님도 좋은 물건을 보면 사고 싶은 유혹을 뿌리치기가 쉽지 않단다. 갖고 싶은 걸 쉽게 사는 부유한 친구들이 부럽기도 하고 말이야. 어른인 선생님도 이런데 너희들이야 오죽하겠어. 새로 나온 휴대 전화나 엠피스리(MP3) 플레이어, 게임기를 갖고 있는 친구를 보면 부러운 건 당연해.

하지만 용돈은 한정되어 있고 매번 부모님을 졸라서 새로운 물건을 사들일 수도 없잖니. 원하는 것을 모두 가질 수는 없다는 사실을 일단 인정하자꾸나.

대신 이렇게 해 보면 어떨까? 자신이 원하는 것 중 가장 갖고 싶은 것부터 순서를 정해 놓는 거야. 그리고 용돈의 범위와 부모님의 지원 범위 내에서 우선순위로 정한 것을 먼저 구입하는 거지. 그러다 보면, 당장 필요치 않은 물건이 무엇인지 가릴 수도 있지 않을까?

갖고 싶은 것을 하나씩 장만해 나가는 일은 나쁜 일이 아니란다. 목표를 세우고 그것을 이루려는 노력은 삶의 질을 높일 수 있으니까 말이야.

그런데 내 경험에 의하면 욕구가 충족될 때의 기쁨보다 그것을 이겨 냈을 때의 뿌듯함이 훨씬 값지고 기분 좋은 것이더구나. 유명 상표의 물건을 사고서 느끼는 충족감은 생각보다 오래가지 않더라고.

그렇다고 무작정 욕구를 억누르는 건 바람직하지 않아. 내가 원하는 것이 무엇인지 정확히 인식하고, 그것이 얼마나 나에게 필요한 것인지 따져 보면 그 물건의 가치를 더 잘 깨달을 수 있단다.

말은 쉽게 했지만 행동으로 실천하기는 쉽지 않을 거야. 하지만 지금 당장 수첩을 꺼내 갖고 싶은 물건들의 순위를 정해 보렴. 습관이 되면 전능하신(?) 지름신도 그리 쉽게 너를 지배하지는 못할 거야.

하루빨리 네가 지름신의 손에서 벗어나기를 기원하마!

파이팅!

악플도 표현의 자유 아닌가요?

작성자	초록이	댓글	3

인터넷에서 댓글을 여러 번 달아 보았는데 참 재미있었어요. 댓글을 달며 논리적인 힘도 기를 수 있는 것 같고요. 그런데 한 번은 반대 의견에 '야, 이××야'라고 제 감정을 표현했다가 뒤에서 지켜보던 아빠한테 혼났어요. 아빤 제 글이 악플이래요. 근데, 뭐 악플을 다는 것도 표현의 자유 아닌가요?

쫀쫀이 ::: 개나리 십장생아! 어때? 기분 좋냐?

껄렁이 ::: 아무도 보는 사람 없는데 뭐…….

바른이 ::: 아무리 모르는 사람이라 해도 지킬 건 지켜야지!

신형교 선생님의 답글입니다.

그래, 좋은 질문이구나. 요즘에는 의사를 표현할 수 있는 공간이 참 많아졌지? 인터넷에 들어가면 각종 게시판, 카페나 블로그, 홈페이지 등 다양한 공간에서 낯모르는 사람들과 기쁨, 슬픔, 고민 등을 나눌 수 있으니까. 내 고민을 해결하고, 나도 누군가의 고민을 해결해 주며 현실에서 느끼지 못한 쾌감을 느낄 수도 있지. 내 이야기에 귀 기울이는 많은 이들을 보면서 자신감을 얻을 수 있고, 네 말대로 논리력도 키울 수 있어. 이처럼 사이버 공간을 잘 활용하면 스스로 한층 더 성장할 수 있지. 하지만 무분별한 악플은 남에게 커다란 해를 끼칠 수 있다는 사실도 알아야겠다.

선생님이 한 학교에 재직 중일 때 일이야. 그때는 컴퓨터 통신이나 인터넷이 발달하지 않았는데, 어느 날 한 여학생이 그러더구나. "선생님, 3층 여자 화장실에 빨리 가 보세요!" 왜냐고 물으니 그냥 가 보면 안다는 거야. 차마 학생들이 볼 때는 가지 못하고 모두 하교한 다음에야 가 보았지. 그런데 문을 열자마자 전면에 내 이름을 앞에 놓고, "선생님, 싸랑해요!"라고 쓰여 있는 게 아니겠니? 속으로 '이런 데 낙서하면 안 되지' 하면서도 기분은 나쁘지 않았어. 근데 그 문장 바로 밑에 "뒤를 보세요!"라고 쓰여 있는 거야. 얼른 뒤를 돌아보았는데……. 아뿔싸! 거기에 말이다,

"싸랑 좋아하네. 고걸 진짜로 믿었냐?"

그리고 쐐기를 박는 또 한마디,

"크크 귀신은 메기 언제 잡아가나."

나를 조롱하는 그 붉고 굵은 글자 앞에서 나는 견딜 수 없는 모욕감을 느꼈어. 화장실을 들락거리는 모든 학생들이 다 그렇게 한 마디씩 던질 것 같았거든. 화장실 낙서는 그나마 애교였지, 요즘 같았으면 익명 게시판이 후끈 달아올랐을지도 몰라.

'익명성'은 사이버 공간의 특성이야. 그래서 누구나 쉽게 타인을 공격하는 말을 내뱉을 수 있지. 하지만 당하는 이는 마음에 깊은 상처를 입게 돼. 게다가 통신 매체는 검증되지 않은 정보도 순식간에 널리 퍼뜨리잖아. 사실과 다른 내용일 때, 죄 없는 사람이 죄인이 되는 건 시간문제야.

얼마 전, 국민 배우라고 불리던 한 여배우의 죽음도 사이버 악성 루머가 한 원인이었잖니? 자기가 들은 얘기라며 생각 없이 쓴 글 하나가 한 사람의 삶을 짓밟아 버린 거야.

확인되지 않은 뜬소문을 퍼뜨리는 행위도 나쁘지만, 그저 재미로 악플을 생산하는 '악플 전사'들의 행위는 도저히 용납할 수 없어. 아무리 표현의 자유도 좋지만 자신이 쓴 글에 대하여 책임을 지는 자세가 가장 먼저라는 것을 알아야겠다. 사이버 공간이 상대를 존중하는 건전한 의견 나눔의 장이 될 수 있도록, 네가 말한 좋은 점이 더욱 빛을 발하는 공간이 되도록 초록이가 앞장서지 않겠니?

첨부 파일

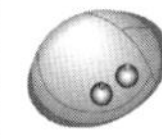

사이버 폭력도 엄연한 폭력이에요.

인터넷 악플과 같은 사이버 폭력에 대해 철저히 무관심으로 대처해 온 연예인들도 최근에는 법적인 대응을 시작했습니다. 그만큼 사이버 폭력을 실제 폭력 못지않은 심각한 범죄로 인식하게 된 것이지요. 실제로 사이버 폭력 때문에 우울증에 시달리다 자살에 이르는 사람들이 적지 않다는 점을 생각하면, 이러한 문제를 더 이상 가벼운 장난으로 생각할 수는 없어요. 최근에는 사이버 폭력에 대한 처벌 기준을 강화하는 사이버 모욕죄 법안을 두고 많은 논쟁이 벌어지고 있지요. 다양한 입장이 있을 수 있지만, 무엇보다 사이버 공간이 건전한 의견 나눔의 장이 될 수 있도록 네티즌들의 자정 노력이 있어야 하겠습니다.

화려한 스타가 되고 싶어요.

작성자	별님	댓글	3

저는 지금 16살. 연예인을 꿈꾸는 깜찍 발랄한 여학생이에요. 엄마는 하란 공부는 안 하고 만날 연예인들 꽁무니만 따라다닌다고 혼을 내지만 저는 스타가 너무 좋아요. 이름만 들어도 가슴이 뛰고 막 흥분이 돼요. 저도 TV에 나오는 스타가 되고 싶어요.

악플이 ::: 사람은 죽으면 별이 된대요. 죽으면 스타가 되겠네.

선플이 ::: 그래, 끼가 있다면 한번 도전해 봐.

꿈깨 ::: 스타는 아~무나 하나♪ 어느 누가 쉽~다고 했나♬

허승호 선생님의 답글입니다.

선생님도 청소년기에는 만날 TV를 끼고 살았어. TV는 내가 현실에서 가질 수 없는 꿈과 낭만을 주었거든. 영원한 우상이었던 그 누나. 내게도 그 누나의 일거수일투족에 울고 웃던 시절이 있었지. 누나를 만나 손이라도 한 번 잡아 보는 게 소원이었는데, 용기가 없어 만나러 가는 건 꿈도 못 꾸고 팬레터만 날려 보냈어. 심지어 노래 가사를 만들어서 보내고 순진하게 답장을 기다리기도 했지.

별님아! 선생님은 널 이해해. 너희들이 즐길 만한 놀이나 문화가 달나라나 별나라로 가 버렸는지, 푸른 별 지구에는 너희가 맘껏 뛰어 놀 수 있는 공간이 별로 없지. 그나마 TV나 인터넷이 너희들의 다양한 감성과 상상을 채워 주는 정도잖아. '학교'와 '입시'라는 틀 속에 갇혀 너무도 숨이 막힐 때, TV에 나온 화려한 스타를 보면 네 속에 있던 끼와 본능이 폭발하지. 너도 그런 스타가 되고 싶고 말이야.

하지만 선생님은 그런 너를 말리는 엄마의 마음도 어느 정도는 이해할 수 있어. 사실 자식이 연예인 되겠다는데 아무렇지도 않게 그러라고 할 엄마는 별로 없을 거야. 연예인이 되는 건 쉽지 않은 일이고, 그중에서도 스타가 되는 건 하늘의 별 따기니까. 그래서 스타라고 하나? ^^;

현란한 조명 속에 서 있는 모습만이 스타의 전부는 아니란다. 스타는 때로 기획사나 제작자에 의해 본래의 모습을 잃기도 해.

심지어 대중들의 취향에 맞게 외모를 바꾸기도 하지. 여기에 헤어 디자인, 화장술, 몸짱 만들기 등의 수단을 동원하면 팔등신의 완벽남, 완벽녀가 탄생하지. 그래서 스타들은 모두 비슷비슷한 모습인가 봐. 여성 스타는 성적 매력이 넘치는 미인, 남성 스타는 다소 반항적인 터프가이……. 이런 식으로 말이야.

별님아, 스타가 되는 데에는 보이지 않는 어려움도 많단다. 적어도 화려한 겉모습만 보고 맹목적으로 추종하지 않았으면 좋겠어. 그럼에도 별님이가 스타가 되려 한다면, 그것이 얼마나 어려운 일인지를 알고 치열하게 노력해야겠지. 별님이가 잘할 수 있는 일은 무엇일까? 노래? 연기? 춤? 스타가 되기 전에 배우가 될지, 가수가 될지 구체적인 목표부터 먼저 세워야 할 거야.

연예 활동을 하면서 학교에도 열심히 나가는 스타를 본 적 있지? 그런 사람이 정말 멋진 스타 아닐까? 이제 별님이도 학교에서부터 멋진 모습을 보여 봐. 자신도 모르는 사이에 친구들 사이에서 우상이 되고, 어느덧 우리 시대의 스타가 될 수도 있을 거야. 누구보다 스스로를 제일 사랑할 수 있는 별님이가 되었으면 좋겠구나.

I'm a Star♥
거울아~
거울아~
누가 제일
예쁘니~?

꿈☆은 이루어진다고요? 난 꿈이 없어요.			
작성자	무꿈이	댓글	4

전 꿈이 없어요. 특목고를 준비하는 친구도 있고, 소신 있게 실업계 학교에 가겠다는 친구도 있고, 연예인이 되겠다며 큰소리 뻥뻥 치는 친구들도 있는데……. 전 잘하는 것도 없고 특별히 하고 싶은 것도 없어요. 이러다가 저만 뒤처지면 어쩌죠?

엄친아 ::: 일단 성적부터 챙겨. 전교 1등인 나처럼.

무뇌아 ::: 그냥 되는 대로 살아. 살다 보면 어떻게 되겠지.

뜨는별 ::: 난 대통령 돼서 아버지 자장면 시켜 드리는 게 꿈.

아직은뭐 ::: 조급하게 생각 말고 천천히 찾아봐.

이수영 선생님의 답글입니다.

아~ 꿈이라……. 선생님의 중학교 생활도 자학의 연속이었단다. 어떤 친구는 얼굴도 예쁘고 공부도 잘해서 미래에 대한 걱정이 없을 것 같고 또 다른 친구는 소신이 뚜렷해서 일찍부터 꿈을 가지고 노력하는데 난 뭘 해야 먹고살 수 있을지 생각이 없었단다. '좋아하는 책을 마음껏 볼 수 있게 책방을 열어야지', '작가가 돼서 책을 써야겠다', 'PD가 되면 얼마나 멋질까' 등 공상들만 가득했어. 텔레비전을 하도 봤더니, 아버지께서는 나를 비꼬곤 하셨지.

"아주 텔레비전 속으로 들어가라, 들어가! 그렇게 텔레비전을 좋아하니 아예 PD나 작가가 되지 그러냐?"

라고 말이야. ㅋㅋ

교사가 된 지금 학창 시절의 나를 닮은 아이들을 많이 만난단다. 사실 일찌감치 꿈을 정하고 노력하는 아이들은 드물어. 대부분은 특별히 하고 싶은 것도 잘하는 것도 찾지 못하거나, 꿈이 있다 하더라도 너무 막연해서 뭘 준비해야 할지 모르지.

그런데 말이야. 꼭 슈퍼맨처럼 지구를 지키거나, 역사에 길이 남을 위대한 업적을 남기거나, 누구나 부러워하는 사람이 되는 것만을 꿈이라고 하지는 않아.

생각해 보렴. 세상에 아름다운 꽃이 장미나 백합밖에 없니? 길거리에서 흔히 볼 수 있는 민들레부터 이름 모를 야생화까지 아름답지 않은 꽃은 없단다. 다 자기 자리에서 아름다움을 뽐내지. 동화책 〈강아지 똥〉을 떠올려 봐. 강아지 똥조차도 참된 존재 가치를 갖고 있잖니? 하물며 사람은 더 말할 것도 없지.

자, 이렇게 생각해 보자. 난 무엇을 할 때 가장 행복할까? 그것을 직업으로 삼을 수 있나? 그러기 어렵다면 그건 평생 내가 갖고 있으면서 즐겨야 할 취미로 남겨 두고 또 다른 꿈을 찾아보는 건 어때? 세상에는 수많은 직업이 있으니 말이야.

다양한 직업을 소개하는 책을 읽어 보거나, 직업과 관련한 적성 검사를 받아 볼 수도 있겠지. 중학교 3학년 때 학교에서 하는 진로 검사 결과를 한국가이던스 홈페이지(www.guidance.co.kr)에 가면 더 자세히 볼 수 있다는 건 알고 있니? 학교에서 받은 검사 결과에서 인증 번호를 찾아 입력하면 구체적인 내용을 확인할 수 있어. 결과에 대해 상담할 수도 있고.

조금이라도 관심 있는 직업이 있다면 그 직업을 가진 사람과 이야기를 나눌 수도 있어. 관심 있는 곳에 직접 찾아가서 그 사람들과 인터뷰해 보는 것도 좋은 방법이겠지? 또, 주위 사람들에게 나의 장점이나 재능에 대해 얘기해 달라고 하는 것도 괜찮겠다.

혹시 성적이 나빠서 자신감을 잃은 거니? 그렇다면 걱정 마. 모든 직업에 꼭 우수한 성적이 필요한 건 아니니까. 다들 공부만 하겠다고 하면 세상이 어떻게 굴러가겠니? 저렇게 잠이 많아서 뭐가 될까 싶은 친구도 수면과학연구소에서 재능을 발휘할지도 모르지. ㅋㅋ

꿈이 없다는 건 그만큼 앞으로 네가 가질 수 있는 꿈이 더 많다는 것이기도 해. 위인들 중에도 학창 시절에는 퇴학을 당하는 문제아였거나, 평범하고 조용한 학생이었던 사람이 많다는 건 알고 있지?

꿈이란 거창한 게 아냐. 지금부터 한 걸음씩 찾아 나가다 보면 어느 날 네 앞에 멋지게 나타날 거야. 차근차근 준비하고 기대해 보렴!

7	조폭이 될래요. 폼 나잖아요.		
작성자	몸짱	댓글	4

오늘 길에서 조폭 형들을 봤는데 짱 멋있었어요. 고급 세단에서 폼 나게 내리는데 열댓 명의 덩치 큰 사람들이 90도로 인사를 하는 거예요. 진정한 조폭은 뒷골목에서 애들 용돈이나 뺏는 게 아니잖아요? 저도 커서 조폭 형들처럼 사업도 크게 하고 간지 나게 살고 싶어요.

댓글

장동근 ::: 고마해라. 마이 묵었다 아이가~

쌍칼 ::: 주먹 좀 쓰나 본데? 일단 나부터 때려눕히고 말해 봐.

조폭두목 ::: 허허~ 건달의 기본자세가 안 됐어. 겉멋만 들어 가지고.

조폭이모 ::: 자라나는 새싹을 너무 짓밟는다, 자갸!

류진주 선생님의 답글입니다.

선생님도 한때 영화 〈친구〉를 보고 막연하게 '아~ 장동건 같은 남자 친구가 있으면 좋겠다'고 생각했지. 남자라면 어디서든 누구한테든 지지 않는 당당함이 있어야 매력 있다고 생각했거든. 사실

〈비열한 거리〉의 병두(조인성)를 보고도 꺅꺅 소리를 질렀어. 병두의 여자 친구 현주(이보영)가 조폭 아저씨들한테 '형수님' 소리를 듣는 모습이 부럽기도 했고. ^^

어른인 선생님도 그럴 정도였으니 너 같은 10대 남학생이 조폭의 위계질서를 보고 멋지다고 생각한 건 무리가 아니지. 게다가 조폭 형들은 모두 고급 차를 몰고 다니고, 부하들에게 깍듯이 대우를 받는 것처럼 보이니까. 가끔 학교에서도 조폭 형들과 친분이 있다는 이유만으로 주변 친구들이 꼼짝도 못할 만큼 권력을 휘두르는 학생이 있고 말이야.

조폭을 건달이라고도 부르지? 어떤 분은 건달(乾達)을 '하늘에 통달한 사람'이라고 해석하더구나. 원래는 약자를 보호하고, 구역 내 시장(길거리 상점, 시장 점포 등)에서 거래의 흐름이 원활하도록 도와주던 존재였대. 그런 의미로 보면 사회 정의를 구현하는 데 앞장설 수 있는, 매우 그럴싸한 직업이지.

하지만 아쉽게도 오늘날 우리가 흔히 조폭이라고 부르는 사람들이 상거래를 원활하게 해 주고 치안을 유지하는 역할을 하고 있지는 않은 것 같구나. 왜 그 형들을 조폭이라고 부르는지, 그 의미가 무엇인지 생각해 본 적 있니? 조폭이란 '조직폭력배', 말 그대로 조직적으로 움직이는 폭력 집단이야. 물론 그 단체가 사업을 크게 하고 이윤을 창출해서 돈을 많이 벌 수도 있지. 그런데 선생님은 네가 정말로 조폭이 되려는 이유가 무엇인지 궁금해. 단지 돈을 잘 벌어서? 시쳇말로 간지 나게 살 수 있어서? 영화에선 조폭을 미화하는 경우가 많아. 그러나 현실에선 머리가 하얗게 세고 허리가 구부정한 할머니의 과일 좌판을 엎어 버리는 짓을 서슴지 않는 게 그들이란다.

네가 원하는 대로 조폭이 되어도 좋지만 본인의 의사와는 상관없이 자신이 속한 단체를 위해 누군가를 해치거나 법을 어기면서 보람과 기쁨을 느끼기는 힘들지 않겠니? 너는 뭐든지 될 수 있는 원석이야. 가능성이라는 문이 활짝 열려 있지. 아이디가 몸짱인데 실제로도 몸짱이라면 모델이 되는 건 어떠니? 모델이 되면 떳떳하게 자신을 내세우고, 팬들의 사랑도 얻고, 자연스럽게 부(富)도 얻을 수 있잖아. 그보다 더 폼 나는 직업이 어디 있겠니? 아니면 격투기 선수는 어때? ^^

자, 너무 길게 쓰면 지루할 테니까 마무리를 지어야겠구나. 마지막으로 너에게 당부할 것이 있어. 항상 '무엇이 될 것인가'를 생각하기 전에 '어떤 사람이 될 것인가'를 먼저 생각해 보았으면 좋겠다. 그런 후에 너에게 맞는, 또 네가 원하는 직업이 무엇인지 진지하게 고민해 보렴.

나의 답변이 너에게 도움이 되었는지 모르겠구나. 어떤 사람이 되고 싶은지 마음의 결정을 내리거든 꼭 다시 한 번 글을 남겨 다오. 기다릴게.

대안학교에 대해 알고 싶어요.

작성자	자유비행	댓글	3

학교에 다니는 것이 무의미하게 느껴져요. 공장에서 대량 생산하는 물건처럼 똑같은 교복에 똑같은 머리 모양으로 생각까지 똑같이 해야 하는 것이 괴로워요. 내가 진정 원하는 공부를, 원하는 시간에, 원하는 방식으로 할 수 있는 방법은 없나요? 나의 선택권이 보장되는 학교는 없나요?

범생이 ::: 출첵. 자유비행님도 출첵만 하세요. 졸업 보장함.

봉선화 ::: 님 맘대로 하세요. 대한민국에 안 되는 게 어딨니?

그래봤자 ::: 학교가 학교지, 뭐 다를 게 있겠어?

권석영 선생님의 답글입니다.

대부분의 학생이 당연히 지켜야 한다고 생각하는 학교 규칙도 어떤 학생에게는 참을 수 없는 부당함일 수 있지. 짜인 시간표대로 생활해야 하고, 쉬는 시간에만 화장실에 가야 하며, 수업 종이 치면

읽던 책도 덮어야 하는 상황이 몹시 짜증스러울 수도 있어. 게다가 두발 단속에 복장 단속까지 겹치면 이건 뭐 학교인지 감옥인지 헷갈릴 테고.

자유비행아, 물론 너는 스스로의 삶이나 교육의 방식을 선택할 권리가 있어. 답답해하지만 말고 주위를 둘러봐. 일반 학교가 맞지 않는다면 다른 길을 찾아보면 돼.

우리나라에서는 1990년대부터 대안학교가 싹을 틔우기 시작했어. 사회적 논의가 활발해지면서 지금은 다양한 형태의 대안학교가 생겨났지. 대안학교는 크게 아이들의 자유를 중시하는 자유학교형, 생태와 노작을 중시하는 생태학교형, 일반 학교에 잘 적응하지 못한 학생들을 대상으로 하는 재적응학교형, 특정 신앙이나 독특한 교육 이념을 바탕으로 한 고유이념형으로 나눌 수 있지. 우리나라의 생태학교형 대안학교로는 간디청소년학교, 푸른꿈고등학교, 실상사작은학교, 변산공동체학교 등이 있고, 재적응학교형으로는 성지고등학교가 대표적이야. 또 기독교 신앙을 바탕으로 한 곳으로는 풀무농업고등기술학교가 있단다. 자세한 것은 책과 인터넷 사이트를 더 찾아봐야 될 거야. 너에게 딱 맞는 대안학교를 찾는다면 거기서 참된 배움의 즐거움을 누릴 수 있겠지?

그런데 대안학교를 선택할 때 실패하지 않기 위해 네가 꼭 유의해야 될 점이 있단다. 지금 다니는 학교에서 선생님이나 친구들과 관계가 원만하지 못해서 피하고 싶다는 생각으로 대안학교를 선택해서는 안 된다는 점이야. 또, 학교 가기 싫으면 안 가도 되고 숙제하기 싫으면 안 해도 된다는 식의 생각이라면 대안학교에 가자마자 기대는 무너질걸.

대안학교가 추구하는 것은 어디까지나 '책임을 바탕으로 한 자유'란다. 함께 합의한 약속들이 갖는 위력은 일방적으로 정해진 규칙이 갖는 힘 이상이거든. 일반 학교에서는 정해진 대로만 하면 되기 때문에 학생 본인의 책임이 가벼운 편이야. 하지만 대안학교에서는 학생 스스로 선택하는 부분이 많기에, 진학이나 취업에서 불이익을 본다 해도 본인 책임이 무거워. 그래서 대안학교를 선택할 때에는 너 스스로 깊이 생각하는 것은 물론이고, 부모님과도 꼭 상의해야 해.

네가 일반 학교를 선택하든 대안학교를 선택하든 책임감을 가지고 스스로의 삶을 주체적으로 꾸려 간다면 분명 지금까지와는 다른 마음가짐으로 공부할 수 있을 거야!

첨부 파일

〈대안학교 길라잡이〉
대안학교에 대해 알고 싶나요?

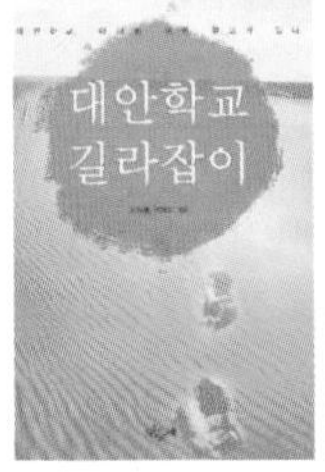

이 책은 대안교육 전문지 〈민들레〉를 통해 쌓인 자료와 꼼꼼한 현황 조사의 결과물이야. 대안학교를 선택하려는 학생들과 부모들에게 도움이 되는 정보를 중심으로, 어디에 어떤 학교가 있는지 소개하고 있지.

1부에서는 국내 대안학교의 현황과 전망을 소개하고 2부에서는 대안학교에서 일하는 교사들의 목소리와 대안학교를 선택한 부모들의 목소리를 함께 들려주지. 3부에서는 전국 80여 개 대안학교에 대한 간략한 정보를 제공한단다.

** 도움이 되는 홈페이지
- 민들레 http://www.mindle.org
- 대안교육연대 http://www.psae.or.kr

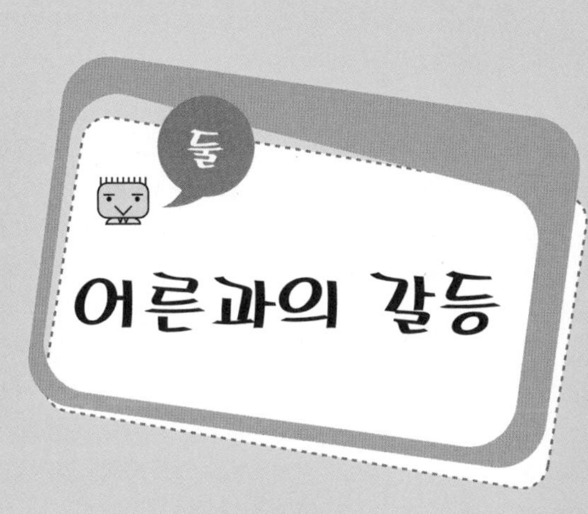

둘

어른과의 갈등

1	난 친자식이 아닌가 봐요. 왜 나만 미워하죠?		
작성자	억울소녀	**댓글**	3

억울해 미치겠어요. 언니랑 말다툼을 했는데 부모님이 나만 엄청 혼내시는 거 있죠? 만날 그래요. 공부 잘하는 언니는 예뻐하고, 난 늘 찬밥 신세예요. 집을 뛰쳐나가고 싶을 때가 한두 번이 아니랍니다. 너무 속상해요.

킹왕짱 ::: 나랑 똑같잖아. 걍 가출해 버려~ ㅋ

맏아들 ::: 우리 집이랑 거꾸로네.

딸기공주 ::: 부모님한테 속마음을 말해 보지그래?

김주연 선생님의 답글입니다.

"엄만 나만 미워해! 왜 차별하는 거야?"

선생님은 어른이 된 지금까지도 이런 말을 어머니께 툭툭 던지곤 한단다. 위로 언니, 아래로 남동생 사이에서 언제나 둘째의 설움을 느껴야 했거든. 툭하면 가자미눈을 하고 흘겨보며 툴툴대고

반항하는 아이, 그게 선생님의 어린 시절 모습이었어.

"우리 첫째는 쉬면서 하라 그래도 듣지 않고 공부만 하더니 이번에도 또 일등을 했네. 우리 막내는 어찌나 성격이 좋은지 친구들이 많아 또 반장이 되었네. 둘째? 걘 허구한 날 방에 혼자 틀어박혀서 뭘 하는지 몰라."

집에 손님이 오시면 늘 언니랑 동생 자랑만 늘어놓으시고 나에 대해서는 모자란 점만 말씀하시는 엄마에게 서운해 울었던 기억이 나. 나도 사랑받고 싶고 인정받고 싶은데 늘 뒷전으로 밀려나는 것 같아 힘들었단다.

여자라서 차별을 받아 왔던 어머니들은 아들을 먼저 챙기고, 열등감이 많은 부모들은 공부를 잘하거나 돈을 잘 버는 자식을 남들 앞에 더욱 내세우게 된다더라. 또 자신의 성격 중 만족스럽지 못한 부분을 자식이 닮았을 경우, 부모님들은 그 모습에서 자신의 모난 점을 발견하고 마찰을 일으키기도 해. 선생님도 어릴 적에는 잘 몰랐는데 나이 들어 생각해 보니 어머니와 성격이 서로 비슷해서 많이 부딪쳤던 것 같더라고.

부모님도 사람이야. 부모란 존재를 한 인격체로서 이해하려고 노력해 봐. 가족이란 서로를 이해하고 보듬어 주어야 하는 존재니까.

마음의 문을 걸어 닫고 쌩하니 돌아서기보다는 “저, 이럴 때 너무 속상해요. 왜 그러셨어요?”라고 먼저 부모님께 말을 건네 보는 게 어떨까?

아마 부모님도 속으로는 너에게 깊은 정을 품고 계실 거야. 선생님도 나이가 들고 철이 드니까 부모님의 마음을 비로소 헤아릴 수 있게 되더라. 그렇게 속 썩이던 내가 지금은 부모님과 제일 대화를 많이 나누는 살가운 딸이라면 믿겠니? ^^

일단 서로를 이해하면 변하는 건 시간문제야. 혼자 끙끙 앓지 말고 가족과 나누어 봐. 선생님도 응원해 줄게!

만화책도 책인데 왜 나쁘다고만 하나요?

작성자	나만화	댓글	3

저는 만화가 너무 좋아요! 학교나 학원에서 받는 스트레스를 만화책으로 해소하거든요. 그런데 부모님은 제가 만화책을 들고만 있어도 야단을 쳐요. 이제는 부모님 몰래 만화책 보는 것도 힘들어요. 부모님을 설득할 수 없을까요? 전 진짜 부모님이 이해가 안 돼요. ㅠㅠ

강백호 ::: 후후. 왼손은 거들 뿐! 나도 100% 공감이야.

열공중 ::: 당연히 만화책 같은 걸 보면 안 되지. 집중이 되겠어?

나루토 ::: 만화에는 꿈이 있어! 난 반드시 호카게가 될 거야! ㅋㅋ

김상헌 선생님의 답글입니다.

'나만화' 친구, 만나서 반가워! 너의 글을 보고 있으니 선생님의 학창 시절이 생각난다. 아마 중1 무렵이었던 것 같아. 당시만 해도 일본 문화가 완전하게 개방되지 않아서 정식으로 수입하지 않은 해적판 만화가 많았거든. 그때, 나는 조금은 조잡스럽게 번역된 아다치 미쓰루의 〈Touch〉라는 만화책을 즐겨 보았어. 꿈에서 여주인공과 손을 잡을 정도였으니 얼마나 좋아했는지 알겠지?

만화책과 함께 성장한 선생님은 네 마음을 이해해. 선생님의 부모님도 만화책 보느라 공부를 안 한다며 내가 보물처럼 아끼던 만화책을 몽땅 태워 버리기도 하셨거든. 만화책은 어두컴컴한 가게의 구석진 곳에서 보는 것이고, 공부에 방해만 되는 나쁜 것이라고 생각하셨던 거지. 대부분의 부모님들은 우리 친구들이 만화책보다는 교과서나 문제집을 보았으면 하실 테니까.

하지만 요즘은 학교에서도 만화를 이용한 매체 교육을 중요하게 여겨. 그만큼 만화의 위상이 높아졌다는 걸 알 수 있지. 또한 문학작품 못지않게 감동을 주는 만화책도 많이 있고 말이야.

일본의 유명한 세균학자인 노구치 히데오를 주인공으로 한 〈닥터 노구찌〉라는 만화책이 있는데, 선생님은 그 만화책을 읽고 마음이 뭉클해서 몇 달간 미친 듯 공부를 했던 기억이 있어. 역경을 뚫고 자신을 만들어 가는 주인공의 모습에 저절로 나를 돌아보게 된 거지. 소년기의 아련함을 떠올리게 하는 다니구치 지로의 〈열네 살〉은 거리가 생긴 아버지와 아들이 함께 읽으면 좋은 작품이야. 이원복 교수의 〈먼나라 이웃나라〉는 선생님이 수업 중에 활용할 정도로 내용의 완성도가 높은 작품이지. 어려운 세계사를 쉽게 이해하도록 도와주거든.

혹시 너는 부모님께 보여 드리기 조금 망설여지는 만화책을 즐겨 보지 않았니? 이해해 주지 않는 부모님을 탓하기 전에, 청소년의 꿈과 열정을 그린 만화를 접하는 모습을 먼저 보여 드리면 어떨까? 그 만화책을 통해서 얻은 감동을 바탕으로 자신을 긍정적으로 바라보고 학업에도 집중한다면, 만화책을 삐딱하게 바라보던 부모님의 시선도 서서히 달라질 거야.

너의 마음속에 청소년 시절의 꿈과 열정이 가득한 만화책들을 담아 봐. 주인공의 눈빛처럼, 네 눈빛도 반짝반짝 빛날 수 있을 테니! ^^

첨부 파일

〈닥터 노구찌〉, 〈H2〉, 〈아홉 살 인생〉 꿈과 열정을 담은 만화들

일본 천 엔권 지폐의 주인공인 노구치 히데오는 어린 시절 입은 화상으로 한 손을 쓸 수 없는 상황에서도 각고의 노력을 통해 일본을 빛낸 의학자야. 〈닥터 노구찌〉는 그의 삶을 감동적으로 그린 만화책이지. 이 책을 보고 공부에 대한 열정이 생기지 않는 학생은 아마 없을걸? ^^ 노구치의 불타는 열정을 느껴 보자꾸나.

〈H2〉는 일본의 유명한 고교 야구 대회인 '고시엔 대회'를 향한 청소년의 꿈과 열정, 그리고 순수한 사랑을 다룬 작품이야. 야구 만화인 동시에 청소년 성장 만화이기도 해. 읽다 보면 우리 친구들의 가슴에도 청소년 시기에 가져야 할 뜨거운 열정과 순수가 생길 거야.

만화책의 좋은 점 중 하나는 어렵게 다가올 수 있는 문학작품을 보다 쉽게 받아들일 수 있다는 것이지. 〈악동이〉를 그린 이희재 만화가는 위기철 작가가 쓴 〈아홉 살 인생〉의 감동을 만화로 표현했단다.

난 의사나 변호사보다 만화가가 되고 싶다고요.

작성자	애니짱	댓글	3

저는 만화가가 되는 게 꿈이에요. 다른 직업은 단 한 번도 상상해 본 적이 없어요. 제가 보는 세상을 만화로 표현해서 많은 사람들에게 보여 주고 싶어요. 하지만 부모님은 제 이야기를 통 듣지 않으세요. 그저 열심히 공부해서 의사나 변호사가 되라고 하시네요. 저는 어떻게 해야 하나요?

난고흐 ::: 만화가는 아무나 하냐? 니가 만화가면 난 화가다.

무대포 ::: 엄마 아빠는 원래 그래. 뭘 기대하냐? 그냥 무시해.

낙서광 ::: 어른들에겐 상이 장땡이야. 만화로 상 하나 받아 봐~

윤혜진 선생님의 답글입니다.

애니짱을 보니, 선생님의 학창 시절이 생각난다. 나는 자율 학습 시간에 만화책을 보려고 필통을 세로로 세워 놓고 그 위에 거울을 달아 백미러(선생님 감시용)를 만들 정도로 만화에 심취했지. 용돈을 모아 고급 자와 펜촉, 스크린톤 등 만화용 전문 도구까지 샀단다. 좋아하는, 아니 존경하는 만화가에게 팬레터를 쓴 적도 있어. 문하생으로 받아 달라는 내용을 넣어서 말이지. ^^;

요즘에는 애니짱처럼 만화가를 꿈꾸는 친구들이 참 많아. 우리 학교에만 해도 50명은 족히 될 것 같구나. 애니메이션을 전공할 수 있는 특성화 고등학교도 있는데, 지원자가 무척 많아서 입학 경쟁률이 어마어마하단다. 그런데 이 많은 만화가 지망생이 모두 부모님의 동의와 지지를 얻고 있을까? 그렇지는 않겠지? 애니짱처럼 부모님의 반대에 부딪혀 힘들어하는 친구들이 적지 않단다.

선생님은 너에게 너무 서두르지 말라는 이야기를 하고 싶구나. 부모님께 만화가가 어떤 직업인지 구체적으로 설명드려 본 적 있니? 애니짱의 부모님께서는 네가 진지하게 미래에 대해 고민하고 만화가가 되기로 한 것이 아니라, 그저 만화책 보는 것이 좋고 그림 그리는 것이 좋아서, 사춘기 때 호기심으로 만화가를 꿈꾼다고 생각하시는 것일 수도 있어. 부모님께도 너를 이해할 시간을 충분히 드리고, 애니짱 너도 만화가란 직업이 어떤 직업인지 좀 더 자세하게 알아보면서 진지하게 생각해 보는 게 좋겠다. 시간이 흐르면서 부모님의 마음도 애니짱의 마음도 바뀔지 모르거든. 선생님의 말을 오해하지는 말아 줘. 선생님은 애니짱이 훌륭한 만화가가 되었으면 좋겠어. 하지만 시간이 더 필요하다고 말하는 이유는, 네가 만화가 하나로만 꿈을 정해 버리기보다는 다양한 길을 탐색해 보았으면 해서야.

부모님이 네 이야기를 통 듣지 않으려 하신다고 했지? 그렇다면 부모님과 대화할 수 있는 방법을 먼저 찾아보렴. 선생님은 부모님께 편지를 썼단다. 내가 원하는 것이 무엇인지, 왜 그런 일을 원하는지 구체적으로 썼지. 그리고 얼마나 내가 심사숙고한 일인지도 썼어. 그랬더니 그 편지를 읽으신 부모님께서는 내 꿈을 왜 반대하셨는지 그 이유를 적어서 다음 날 내 머리맡에 놓아 주셨어. 부모님께서 내 꿈을 무조건 반대하시는 줄만 알았는데 그게 아니더구나.

두 분은 내가 만화가가 되는 것도 좋지만 학생의 본분을 다하면서 그 꿈을 키워 나가길 바라셨어. 그리고 아직 시간이 있으니까 만화가란 꿈이 내 적성에 맞는지도 진지하게 생각해 보라고 하셨지. 애니짱도 편지에 마음을 담아 부모님께 전해 보는 것은 어떨까? 혹시 부모님께서는 꼭 의사나 변호사를 고집하시는 것이 아니라, 네가 더 많은 직업을 살펴보길 바라시는 건 아닐까? 만화가나

의사, 변호사가 되는 것 모두가 쉬운 일은 아니잖아.

선생님은 애니짱이 진정한 만화가의 길을 걸어가려면 부모님의 염려와 걱정을 이해하고 학생의 본분도 다해야 한다고 생각해. 애니짱은 만화를 진정으로 사랑하는 사람이니까 충분히 그럴 능력이 있다고 봐. 애니짱, 힘내!

아빠가 날 때려요. 폭력에서 벗어나고 싶어요!

작성자	폭발이	댓글	3

아빠가 때려요. 주먹이나 발로 아무 데나 막 패요. 별것 아닌 걸로도 때려요. 운동화 끈을 못 매서 맞은 적도 있어요. 엄마도 맞은 적이 많아요. 그래서 이혼하려 했지만 아빠가 안 해 줘요. 아빠한테 맞고 다니니까 애들도 절 무시해요. 학교나 집이나 전 갈 데가 없어요.

빈정대기 ::: 맞을 짓을 했으니 맞았겠지. 맷집을 길러 봐.

흥분이 ::: 세상에 맞을 짓이 어디 있니? 도와줄 사람을 찾아봐.

순종이 ::: 아빠 신경 거스르지 않게 행동하면 되잖아.

정은미 선생님의 답글입니다.

전에 선생님 반에 아빠한테 걸핏하면 폭행을 당하는 여학생이 있었어. 그 아이는 가출한 엄마와 닮았다는 이유로 잔인한 폭력 속에서 살았단다. 아빠가 술에 취하면 폭력의 강도가 더 높아져서 젓가락이나 포크를 아이 얼굴에 마구 던지기도 했대. 옆집으로 도망을 갔지만 꼼짝없이 잡혀 더 크게 혼나기도 하고, 가출했는데 갈 데가 없어 돌아왔다가 심하게 맞기도 했다더구나. 남편의 폭력으로 가출한 엄마는 재혼을 해서 딸을 받아 줄 수도 없고, 무서운 전남편 앞에 나설 수도 없었어. 결국 아이는 사각지대에 홀로 남겨진 셈이었지. 아빠의 폭력이 점점 심해지자 나는 수소문하여 일단 엄마에게 아이를 보냈어.

그때만 해도 청소년 보호법이 없었고, 있었다 한들 가부장적인 사회 분위기 때문에 크게 도움이 되지 않았을 거야. 그래서 그 아빠를 함부로 신고할 수도 없었지.

너의 경우는 어떨까? 너보다 정도가 심한 애도 있으니까 참고 살라는 건 아니다. 선생님은 폭력 속에서 살고 있는 아이들을 위한 실질적이고 다양한 대책이 생겨야 한다고 말하고 싶은 거야.

너의 아빠는 왜 그렇게 말보다 주먹이 앞서는 사람이 되었을까? 직업적인 스트레스를 많이 받으시는 걸까? 혹시 불우한 유년기를 보내신 건 아닐까? 폭력이 대물림되는 경우가 의외로 많거든. 그렇다고 아빠의 폭력이 정당하다는 건 아니지만, 원인이 네게 있는 게 아니라면 적어도 화해의 가닥은 잡을 수 있지 않을까?

우리 아버지 얘기를 해 볼게. 선생님 할아버지는 매를 심하게 드는 분이셨대. 할아버지에게 맞으면서 아버지는 결심을 하셨대. 아내나 아이들을 때리지 않는 가장이 되겠다고. 그리고 아버지는 그 결심을 지키셨어.

상처가 많은 사람들은 성격도 많이 꼬인다고 하지만 그건 어디까지나 자기 의지에 달려 있는 거야. 역경이 사람을 더 크게 할 수도 있단다.

우선은 이렇게 해 볼까? 아빠와 가장 크게 갈등을 겪는 부분을 한 발짝 양보해 보자. 만약, 네가 노력을 했는데도 아빠가 계속 폭력을 쓰신다면 아빠에겐 상담 치료가 필요할 것 같아. 처음엔 꺼리시겠지만 본인의 상태를 먼저 알고 받아들이실 필요가 있다고 꼭 말씀드리렴.

상담이니 치료니 이런 말을 들으니 왠지 거부 반응이 오지? 그런데 몸이 아프면 약을 먹듯이 맘도 아프면 낫게 해야 해. 아픈 맘은 들어 주는 사람만 있어도 나아질 수 있단다. 너는 조금 특별한 경우니 전문가 선생님에게 도움을 요청한다고 생각하면 돼. 폭력을 휘두르는 아빠에게도 남모를 고충이 있을지 몰라.

너희 가족 모두가 함께 터놓고 서로를 바라볼 수 있는 시간이 하루빨리 오기를 빌게. 과정이 쉽진 않겠지만 노력하면 어제보다 오늘은 더 나아질 거야. 힘내!

첨부 파일

가정 지킴이 '1366'을 기억하세요!

가정 폭력 때문에 긴급한 도움이 필요한 경우 국번 없이 1366을 누르세요. 1366은 위기에 처한 여성과 어린이 · 청소년에게 1년 365일에 하루를 더하여 충분하고 즉각적인 서비스를 제공한다는 의미로 인권 향상을 위해 연중 24시간 운영되는 긴급 전화입니다. 10시부터 17시까지는 가까운 전문상담기관으로 연계가 되고, 그 외 시간에는 직접 상담을 하거나 긴급 보호를 받을 수 있어요.

얼마 전 한국가정법률상담소에서 조사한 결과에 따르면, 가정 폭력 상담을 받은 가해자 중 63%는 더 이상 폭력을 휘두르지 않았다고 합니다. 상담을 통해 자신의 잘못을 깨달을 수 있다는 것이지요. 폭력에 시달리는 건 결코 여러분의 잘못이 아니랍니다. 가까운 이의 도움을 요청하는 것도 절대 부끄러운 일이 아니고요. 혼자 힘들어하지 말고 손을 내밀어 도움을 요청하세요.

엄마 아빠가 이혼한대요. 너무 불안해요.

작성자	나어떡해	댓글	3

엄마 아빠가 이혼하려고 해요. 왜 어른들은 자식을 생각하지도 않고 헤어지나요? 모든 게 불안해요. 중학교, 고등학교도 졸업해야 하고 대학교에도 가야 하는데 돈이 없으면 어떻게 해요? 엄마와 함께 살고 싶지만 엄마는 직장이 없어요. 아빠와는 죽어도 같이 살기 싫고요. 저는 앞으로 어떻게 해야 하나요?

찌질이 ::: 너만 힘드냐? 다 힘든 세상이다. 엄살 좀 그만 부리시지.

배신자들 ::: 우리 집 두 사람도 나 몰래 이혼했어. 젠장-

허당 ::: 힘내! 부모가 나를 속일지라도 노하거나 슬퍼 말라.

조자룡 선생님의 답글입니다.

선생님의 어린 시절 이야기 하나 해 볼까? 가을걷이로 바쁜 9~10월의 농촌에서는 어른 아이 할 것 없이 모두 제 몫을 해야 했단다. 농촌에서 자란 선생님 역시 늘 집안일을 거들어야 했어. 어느 가을날, 마당에 벼를 잔뜩 널어 두었는데 갑자기 비가 오는 거야. 벼가 비에 젖게 되면 며칠간 말린 게 헛수고가 되기 때문에 재빨리 거두어야 하지. 이런 걸 '비설거지'라고 해. 암튼 난 어머니와 함께 죽어라 비설거지를 하는데, 아버지는 마루에 걸터앉아 우리 행동이 굼뜨다고 욕지거리만 하는 거야. 사람 속을 있는 대로 긁어 대니 일할 맛이 날 리가 있니? 어린 마음에 '제발 아버지만 없어졌으면……' 하고 빌었어.

부모님이 이혼한다고 하니 불안하지? 안 그래도 불안한 시기인데 얼마나 힘들겠어. 그런데 힘들다는 것을 인정하고 도움을 찾는 순간, 그 고통이 조금은 해결된다는 거 아니? 이렇게 용기 내어 고민을 털어놓은 것에 우선 박수를 보낼게.

자, 이제 문제는 너의 불안이거든. 어른들이야 어른들 마음대로 헤어진다고 해도 네 미래는 어떻게 되는 건지, 정말 걱정되고 두려울 거야.

우선, 학비 걱정을 미리 하지는 마. 네 사정을 이야기하면 학교나 사회에서 도움을 줄 수 있을 거야. 공부를 하겠다는 친구에게는 길을 열어 준단다. 물론 쉽지는 않겠지만 지레짐작하고 포기하지는 말자.

즐겁게 뛰놀고 마음껏 상상하고 열심히 공부해야 할 때, 네게 무거운 짐을 지게 해서 어른으로서 한없이 미안하구나. 하지만 네가 무겁다고 여기는 그 짐들을 너 혼자 짊어질 필요는 없어. 두려움 역시 네 짐이 아니니 당당히 벗어던지렴. 자, 굳세게 나아가기 위해 두 가지를 기억해 줄래?

첫째, 식사를 거르지 말자. 부모님이 헤어지게 되면 슬프고 불안한 마음에 아무래도 제때 밥 먹기가 어려울지도 몰라. 하지만 밥때 놓치지 않고 일정한 시간에 먹는 습관을 가지자. 널 위해서!

둘째, 자신의 외모를 가꾸자. 거울 속에 비친 내 모습이 자신만만해야 무슨 일이든 거침없이 할 수 있거든. 아침에 거울을 보며 활짝 웃고 하루를 시작해 보는 거야.

이 두 가지를 매일 실천하며 삶을 꾸려 나가다 보면, 네 안에 곧 내공이 충만할 거라 믿어. 그때 선생님을 다시 찾아와서 자장면 사 달라고 해. 그땐 선생님과 함께 세상에서 가장 맛난 자장면을 먹어 보자! ^^

새엄마가 너무 어색해요. 새엄마도 내가 어색하겠죠?

작성자	미운오리	댓글	3

저는 어렸을 때 부모님이 이혼을 하셔서 친척 집에서 지내다 중학생이 되면서 재혼한 아버지와 살게 되었어요. 그런데 새엄마에게도 초등학생인 남자아이가 있어서 너무 불편해요. 다른 친구들은 엄마한테 마음대로 짜증도 부리는데, 저는 엄마라는 말도 잘 안 나와요. 나와 아무 상관없는 사람들과 밥을 먹고 한 집에서 살아야 한다는 게 화가 나요.

도니 ::: 어색하게 사는 것도 괜찮아!

새엄마 ::: 나도 네 맘 알겠어. 서로 노력해 보자.

백조왕자 ::: 당신을 기다리고 있소, 나의 백조!

이미순 선생님의 답글입니다.

우리 삶에 있어 가정이라는 울타리가 가장 아름답고 포근해야 한다는 것에는 누구나 공감할 거야. 그러나 늘 따뜻한 기운만 있을 수는 없지. 모든 가정은 다 나름대로의 아픔을 가지고 살아간단다.

선생님도 어린 시절 가슴 아픈 기억이 있어. 비록 부모님이 이혼하신 건 아니었지만 하루가 멀다고 다투는 모습을 보며 살았거든. '이렇게 사느니 차라리 이혼하시는 편이 낫지 않을까', 어린 맘에도 그런 생각이 들었어. 다행히 어머니의 억척과 인내 덕에 가정은 유지되었고, 우리 형제들도 크게 엇나가지 않고 잘 컸단다.

나도 어른이 되고 자식을 낳아 키워 보니 그때 부모님의 행동들을 조금은 이해하게 되더라. '하는 일이 뜻대로 되지 않을 때의 절망감과 미안함이 뒤섞여 잘못된 방법으로 표출된 거구나' 하고 말이야. 어른들도 우리와 똑같은 사람이어서 실수도 하고 절망도 하거든.

새롭게 중학 생활에 적응하는 것만으로도 버거울 텐데 환경까지 바뀌어 참 힘들지? 가장 가까워야 할 가족이 불편하면 집에도 들어가기 싫어지고, 그러다 보면 자꾸 딴생각이 들면서 학교생활에 소홀해질 거야. 친구들에겐 아무 문제가 없는데 너만 그런 고통을 안고 사는 것 같아 억울하기도 하겠지.

그러나 자신이 처한 환경에 대해 너무 비관하지는 말자. 세상에는 질병 속에서 하루하루 고통스럽게 사는 사람들도 있고, 미워하고 싶어도 미워할 부모님이 없는 사람도 있잖아. 누군가가 그토록 가지고 싶어 하는 부모와 형제가 지금 네 곁에 있다는 사실을 잊지 말고, 다시 웃음을 찾을 수 있다는 희망을 가지렴. 비록 시간이 걸리고 힘들겠지만 너의 위치에서 최선을 다한다면 언젠가는 서로 편안하고 소중한 존재가 될 수 있을 거야.

부모님도 우리처럼 견디기 힘든 일이 있으시겠지. 어쩌면 지금 새엄마도 그러실지 몰라. 너무 당연하고 진부한 얘기 같지만 서로 마음을 열고 다가가려고 노력하는 방법밖에 없을 거야. 새 학년이 되어 친구를 사귈 때를 생각해 봐. 처음에는 어색하고 힘들지만 졸업할 때쯤이면 헤어지기 싫어 가슴이 아프기도 하잖아.

이제 피하려고만 하지 마. 함께 가족 여행을 가자고 제안해 보기도 하고, 고민이 있으면 먼저 다가가 얘기도 하는 거야. 그러다 보면 분명 새엄마도 더 좋아하실 테고 어느새 서로가 몰랐던 점들을 발견할 수 있을 거야.

네 인생의 드라마를 이끌 주인공은 바로 너 자신이란다. 각본은 없지만 과정과 결과를 책임져야 하는 것도 너고, 그 속에서 비운의 주인공이 될지 행운의 주인공이 될지도 너의 선택에 달려 있어. 부모님은 네가 어떤 모습이라 하더라도 그림자처럼 늘 곁에 있어 줄 존재란다. 비록 그늘 속에 있을 때 잘 드러나지 않을 수는 있어도 언제나 널 지켜 주는 분신이라는 것을 잊지 말자.

첨부 파일

〈이웃 사람〉

사랑하는 가족에게 마음을 전하세요

강풀의 〈이웃 사람〉은 이웃에 사는 살인마의 범죄를 평범한 사람들이 힘을 모아 막아 내는 이야기입니다. 많은 사연들이 이야기 속에 등장하지만, 무엇보다도 가슴 아픈 부분은 의붓딸인 여선이를 딸이라고 한번 부르지 못한 채 살인마에게 잃는 어머니의 이야기가 아닐까 싶어요. 손에 땀을 쥐게 하는 이야기를 따라가다 보면, 어느새 사랑하는 사람에게 마음을 전하는 게 얼마나 중요한 일인지 알 수 있을 거예요. 쑥스럽다며 망설이지 말고 말해 보세요. 사랑한다고!

7	사회에 관심이 많아요. 왜 내 생각을 무시하죠?		
작성자	열혈남	댓글	4

저는 세상 돌아가는 일에 관심이 많아요. 사회문제에 대해 다른 사람과 생각을 나누고 싶어요. 그런데 부모님은 그럴 시간에 공부를 한 자라도 더 하라고 하세요. 수업 시간에 질문을 해도 선생님은 진도 나가기에 바빠 관심을 안 가져 주시고요.

얼음공주 ::: 쪼끄만 게 뭘 안다고 떠드니? 그냥 공부나 하셔.

불꽃왕자 ::: 인간은 사회적 동물이지. 열혈남 킹왕짱!

마마보이 ::: 어차피 우린 힘도 없는걸. 엄마 말 들어.

센스쟁이 ::: 네가 분위기 파악을 못하는 거 아냐?

이화나 선생님의 답글입니다.

교사가 된 지 얼마 되지 않았을 때의 일이 떠오르는구나. 수업 시간에 선생님이 국어의 문장 성분을 열심히 분석하고 있는데 한 친구가 갑자기 눈을 똥그랗게 뜨고 질문을 하는 거야. "선생님은

10년 뒤 우리나라의 세계 경제 순위가 어떻게 될 것 같아요?" "선생님은 바뀐 미국 대통령을 어떻게 생각하세요?" 선생님은 수업 종이 칠 때까지 그 질문들에 침을 튀기며 대답했지. 국어의 문장 성분보다 그런 문제가 살아가는 데는 더 중요한 일일 수 있다고 생각했으니까. 그런데 그런 일이 거듭되다 보니 진도를 못 나가게 되더구나.

사람은 모두 '사회'라는 테두리 안에서 살아가. 따라서 자신이 속한 사회에 대해 문제의식을 가지는 것은 정말 중요한 일이란다. 그런데 언제나 그 망할 놈의 성적이 문제지. 성적이 좋지 않으면 어른들은 그럴 시간에 공부나 하라며 귀를 기울이지 않으니까. 휴…… 슬픈 현실이다.

하지만 사회문제들의 원인을 '제대로' 파헤쳐서 '의미 있는' 해결책을 찾으려면 우선 배경 지식이 꼭 필요하단다. 우리가 학교에서 배우는 내용들이 바로 이러한 배경 지식에 해당해. 수학 공식, 영어 단어, 문학작품……. 이 모든 것들이 네가 무언가를 판단하고 분석하는 데 도움을 주거든. 그래서 어른들은 네가 이러한 배경 지식을 좀 더 쌓았으면 하는 거야. 뿌리 깊은 나무의 외침에는 깊은 울림이 있는 법이란다. 그러니 네가 중학교, 고등학교를 거치면서 생각의 뿌리를 보다 깊게 내렸으면 좋겠구나.

그리고 아무 때나 불쑥 사회문제를 꺼내면 주위에서 당황할 수 있어. 상대방도 준비가 되어야 대화와 토론을 할 수 있겠지? 학교에서 어떤 문제에 대해 토론을 하고 싶다면 선생님께 미리 이메일을 보내는 것도 좋을 거야. 친구들과 시사 토론·논술 동아리를 만들거나, 신문이나 인터넷 매체에 독자 의견을 보내는 것도 멋진 경험이 되겠지.

선생님은 생각하고 실천할 줄 아는 네가 우리 사회의 큰 보물이 될 거라고 생각해. 그렇지만 그렇게 되기 위해서는 앞에서 말한 것처럼 먼저 뿌리 깊은 나무가 되고, 어른들을 이해하면서 센스 있는 방법들로 생각을 키워 가야 한다는 점을 잊지 말자. 선생님이랑 약속! 나중에 커서 사회의 저명인사가 되었다고 선생님 모른 척하지 않기다! 알았지? ㅎㅎ

P.S. 선생님 글에서 열혈남의 생각과 다른 부분이 있다면 답장 보내길! 선생님은 언제든 너와 대화할 준비가 되어 있단다!

셋
학교생활

1	사랑의 매는 무슨……. 맞아 봐요. 안 아픈가.		
작성자	체벌완전반대	**댓글**	3

음악 시간이었어요. "나는 리코더가 싫어욧!" 하고 폼 나게 외쳤는데 바로 불꽃 싸대기가 날아오더군요. 전 세상에서 맞는 게 제일 싫어요. 그래서 일부러 힘도 기르고 우거지상으로 폼생폼사인 척하고 다닌다고요! 체벌은 법으로 금지된 거 아닌가요?

엄친아 ::: 맞는 게 싫으면 고분고분하게 굴면 될 거 아니야?

삽가져와 ::: ↑얜 뭐냐? 일단 얘부터 묻고 보자.

우렁이삼 ::: 우거지상이 목욕탕에 앉으면 ㅋㅋ 우거지탕?

곽현주 선생님의 답글입니다.

에이즈, 철사장, 미친개……. 뭔지 감이 딱 오지? 맞아. 모두 학생들이 선생님에게 붙이는 무시무시한 별명이야. 학창 시절, 나도 화학 선생님한테 원소기호 못 외운다고 얼마나 맞았는지! 그분은 주위에 보이는 물건이면 아무것으로나 때리기로 유명한 분이셨어. 출석부, 빗자루, 밀대 봉……. 학창 시절의 추억이라고만 하기에는 씁쓸하구나.

선생님들은 주로 이런 생각에서 체벌을 한단다. 학생들은 아직 자신을 통제할 수 없기 때문에 행동의 수위를 조절해 줄 누군가가 필요하다고. 그런 악역을 선생님이 맡아야 한다고 믿는 것이지. 그렇지만 그런 선생님의 마음을 학생들은 사실 다 이해하지 못해. 오히려 마음을 굳게 닫기 십상이야. 그렇게 되면 사랑으로 맺어야 할 선생님과 학생의 관계는 미처 피지 못한 채 된서리를 맞고 떨어져 버린 꽃봉오리처럼 돌이킬 수 없게 되고 말지.

넌 세상에서 맞는 게 제일 싫다고 했지? 그래서 힘도 기르고 괜히 어깨에 힘주고 다닌다고? 하지만 건들거리면서 괜히 선생님께 반항하면 문제를 더욱 복잡하게 할 뿐이란다.

체벌 때문에 화가 날 때는 그런 점들을 먼저 헤아려 보면 어떻겠니? 너희들이 체벌에 반감을 가지는 것은 대부분 학생들의 인권을 존중하지 않는 선생님 때문일 거야. 마구잡이로 손찌검을 당했다든가 감정적인 과잉 체벌을 당한 경우 말이지. 그런 경우에 무조건 거친 말로 반항하거나 맞은 후에 뒤에서 욕하지 말고 당당히 선생님께 체벌의 부당함을 말해 보는 것이 어떨까? 물론 예의를 갖춘 상태에서 말이지. 그리고 너의 잘못에 대해 대가를 치를 다른 방법을 제시해 보는 거야. 숙제를 2배로 해 오겠다든지, 운동장을 열 바퀴 뛰고 오겠다든지.

학급 회의에서 선생님들의 체벌에 대해 토의하고 적절한 규칙을 정해 두는 것도 좋은 방법이겠다. '우리 반에서 일어나는 잘못에 대해서는 이런 벌을 받겠다'는 식으로 말이야. 네가 대안을 제시하고 성실히 이행한다면 선생님도 인권을 존중하지 않는 자신의 방법이 잘못되었다는 걸 깨닫지 않을까?

옛말에 "매를 아끼면 자식을 망친다"라고 했어. 그런데 선생님은 이렇게 말하고 싶구나. "매를 아끼면 사랑이 되살아난다"라고. 체벌 없는 아름다운 학교가 되기 위해서는 선생님뿐 아니라 학생들도 함께 노력해야 한단다.

자, 우거지상을 펴고 네 태도도 바꿔 보자. 그렇다면 체벌이라는 나쁜 녀석은 학교에서 사라질 거야. 그날이 곧 올 거라고 믿어. 파이팅팅팅!

2	수업 좀 재미있게 들을 수 없나요? 너무 지루해요.		
작성자	지겨버	댓글	4

아……. 오늘 하루도 뭔 일을 했는지 모르겠네요. 학교랑 학원이랑 지겨운 수업. 집중도 안 되고, 엄만 돈 아깝다고 그러시고, 어쩜 좋을까요? 누구처럼 공부가 재미있다면 수업도 지루하지 않을 텐데……. 선생님이랑 엄마 얼굴 보기가 부끄러워요. 수업 잘 듣는 방법이 있음 좀 알려 주시면 안 돼요?

힘내자 ::: 그런 방법 있음 나도 좀 갈쳐 주삼.

미투 ::: --;

전교일등 ::: 그건 비밀이거든. ㅋㅋ

수석이 ::: 그냥 열심히 하는 거지 뭐…….

황치웅 선생님의 답글입니다.

문득 대학 생활을 막 시작하던 시절이 생각난다. 글쓰기 수업이었는데, 교수님의 나른한 목소리는 따스한 봄 햇살만큼이나 달콤했지. 완전 수면제였다고나 할까? 그래서 난 매번 무료한 시간을 보내기 위해, 설명을 듣는 대신 수업 자료에 있는 교수님의 얼굴을 따라 그리기 시작했어. 여러 번 반복해서 그리다 보니 어느새 제법 능숙해졌지.

그렇게 시간은 흘러 중간고사가 시작되었고, 매번 그림만 그리며 놀았던 나에게 시험 문제는 가혹하기 짝이 없더라. 몇 줄 안 되는 답안을 쓰고 나니 답안지가 휑하더군. 그래서 그동안 갈고닦은 실력을 발휘해 교수님의 얼굴을 정성껏 그리기 시작했지.

그런데 이게 웬일! 난 그 시험에서 꽤 높은 점수를 받았지 뭐야. 교수님께 이상하다고 말씀드리자 한참을 웃으시더니 제법 창의적인 답안이었다고 하시더군. 이 사건 덕분에 난 남은 수업을 누구보다도 열심히 들을 수 있었고, 기말시험에서는 진정한 실력으로 자신 있게 답들을 써 내려갈 수 있었어.

그러고 보면 똑같은 수업이라도 마음가짐에 따라 지루할 수도, 재미있을 수도 있다는 생각이 들어. 물론, 마음먹기가 쉽지 않은 것도 사실이야. 간혹 공부가 재미있다고 하는 친구들을 보면 걘 어느 별에서 왔나 싶잖아.

하지만 수업이 얼마나 중요한지는 너도 잘 알 거야. 시험에 대한 힌트를 잔뜩 준 수업 시간에 졸기만 하다가, 시험지를 받아 보고서야 '아~' 하고 한숨지으며 후회해 본 적이 있을 거라 생각해.

"이왕이면 다홍치마"라고, 배꼽 빠질 정도로 웃긴 수업이라면 좋겠지. 하지만 빠진 배꼽 찾느라 정작 수업이 끝나고 나서 무엇을 배웠는지 모른다면 더 큰 문제가 아닐까?

자, 먼저 수업 시작 전에 미리 주위나 책상을 정리해 보렴. 주위가 산만하고 물건들이 정리되어 있지 않으면 선생님의 설명에 집중할 수 없으니까. 또 미리 수업 내용들을 살펴보는 것도 중요해. 가벼운 마음으로 수업 내용을 읽어 본 후 몇 가지 중요한 어구나 모르는 단어들에 미리 표시해 두는 정도면 충분할 거야.

수업이 시작되면 선생님이 질문할 만한 내용들을 생각해 보고, 그에 대한 답들을 찾아봐. 선생님께서 언제든 나에게 질문할 수 있다고 생각하면 긴장도 되겠지? 선생님들은 중요한 부분을 강조하기 위해 말소리에 변화를 주는 경우가 많다는 점도 기억하렴. 그런 부분은 꼭 알아 두고 넘어가야겠지.

마지막으로, 수업이 끝난 후에는 마음 맞는 친구들과 돌아가며 문제를 내고 맞혀 보는 시간을 가져 보자. 점수가 제일 낮은 친구가 벌칙으로 과자 한 봉지를 쏠 수도 있겠지. 이렇게 친구들과 작은 공부 모임을 만들면, 자기가 놓쳤던 수업 내용도 빠짐없이 알게 되고, 수다만 떨다 끝내는 시간들을 보다 알차게 보낼 수 있어. 그야말로 '일석이조(一石二鳥)'야.

수업에 집중하는 방법을 알고 싶어 하는 걸 보니 너에겐 이미 열정이 충분해. 그런 적극적인 태도로 수업 내용을 자신의 것으로 만들기 위해 바쁘게 움직여 보자고. 고고씽~!!

첨부 파일

집중 잘하는 법, 알아볼까요?

- 쉬운 과제부터 먼저 처리한다.
- 주변을 정리하는 습관을 가진다.
- 서두르지 말고 차분한 마음을 가진다.
- 딱딱한 의자에 등을 곧게 펴고 앉는다.
- 아무리 집중하려 해도 안 될 때에는 즉시 휴식을 취한다.
- 집중이 안 될 때에는 운동으로 감정을 발산하는 게 좋다.
- 계속 집중이 되지 않아 생길 최악의 경우를 상상해 본다.

공부 잘해야 사랑받나요? 선생님 너무 속 보여요.

작성자	해피	**댓글**	4

선생님은 수업 시간에 공부 잘하는 아이만 보며 수업하시는 것 같아요(수업 시간 내내 연구해 봤음). 만날 공부 잘하는 아이들만 칭찬하시고, 어쩌면 그럴 수가 있나요. ㅠㅠ 선생님은 공부 잘하는 아이들만 좋아하나 봐요. 나도 사랑받고 싶은데……. ^^;

난널알아 ::: 너 1학년 5반, 나은이 맞지? ㅋㅋ 니 맘 알아.

건도 ::: 수업 내내 그러고 있으니 공부를 못하지.

똘똘군 ::: 이런 글 쓸 시간에 집중해서 공부하겠다. ㅎㅎ

김나은 ::: 니들 주거써~~

이창호 선생님의 답글입니다.

"선생님들은 공부 잘하는 학생만 좋아하죠?"

설마 그럴 리가요? 모든 선생님들이 그렇게 생각하는 건 아니랍니다.

쉿! 이건 비밀이지만, 사실 나도 학창 시절 공부 잘하는 학생이 아니었어요. 설마 모든 선생님이 모범생이었을 거라 생각하는 건 아니겠지요? 아마도 대부분의 선생님들이 나와 마찬가지였을 거예요. 그래서 선생님들은 누구보다도 공부의 중요성을 잘 알기에 그걸 강조하는 거지요. 엥, 변명하지 말라고요? 변명 아닌데…….

사실 선생님들이 공부 잘하는 학생들을 칭찬하는 데는 그 학생이 계속 잘해 줬으면 하는 바람도 있지만, 조금 처지는 아이들이 그걸 보고 더 열심히 해 줬으면 하는 마음도 있다는 걸 알았으면 해요.

해피도 부모님께 잔소리를 심하게 들어 본 적이 있지요? 그렇다고 부모님이 자신을 미워한다고 생각하지는 않잖아요. 잔소리는 짜증 나지만, 그 뒤에 숨은 사랑을 어렴풋이 느낄 거라 생각해요. 그래요. 칼릴 지브란의 시구처럼, 보이지 않는 사랑은 보이는 사랑보다 훨씬 더 크답니다. 그처럼 선생님의 질책에도 '더 나은 사람이 되라'는 보이지 않는 애정이 숨어 있다는 걸 알았으면 해요.

몇 가지만 더 말할게요. 선생님이 어떤 학생은 칭찬만 하고, 다른 학생은 야단만 친다면 어떻게 될까요? 칭찬만 받은 학생은 자만심이 생기고, 야단만 맞은 학생은 자신감을 잃겠지요? 그래서 선생님들은 그 두 가지 방법을 병행하는 경우가 많아요. 물론 공부 때문에 야단을 맞으면 기분이 나쁘고 자존심이 상하는 것도 당연해요. 하지만 그것이 '그래, 어디 한번 두고 봐, 나도 정말 잘할 수 있다'는 긍정적인 오기가 될 수 있으면 좋겠어요.

선생님들도 학생 앞에서는 티를 안 내지만, '한 번 더 참아야 했나? 이 학생이 내 마음을 몰라주면 어떡하지?' 하고 하루 종일 걱정하고 염려하거든요. 그러면서도 어쩔 수 없이 야단을 치는 게 선생님이고요.

그런데 과연 선생님들이 공부 잘하는 학생만 좋아할까요? 선생님들은 오히려 배움에 대한 열정이 있는 학생, 의지가 강하고 용기 있는 학생을 더 좋아할걸요? 선생님들의 애정과 관심은 그런 학생이 갖춘 성실성과 노력과 의지에 대한 인정이나 보상이라고 생각하면 좋을 것 같아요.

학생은 어떤 선생님이 좋은가요? 잘 가르치려고 최선을 다하는 선생님? 아니면 학생들이 공부 못하는 것은 학생들 책임이라고 불평하는 선생님? 학생들에게도 좋은 선생님과 나쁜 선생님이 있죠? 선생님들도 학생들에게 나쁜 선생님으로 평가받지 않으려고 더 열심히 노력한다는 것 알고 있나요? ^^;

여하튼 해피 덕분에 선생님도 나 자신을 반성할 수 있었어요. 나도 학생들을 차별하지 않고, 또 학생들에게 더 좋은 선생님이 되도록 지금보다 노력하겠어요. 고마워요.

발표하는 게 잘못인가요? 친구들이 재수 없대요.

작성자	똑똑남	댓글	4

제가 발표하려고 손을 들면 반 아이들이 막 째려봐요. 심지어는 '우~' 하고 야유까지 보내요. 왜 그럴까요? 제가 너무 잘해서 그런 걸까요? 친구들이 자꾸만 저를 외면하는 것 같아 외로워요.

악플스 ::: 야, 너 지금 잘난 척하는 거지??

선플이 ::: 걔네들 다 널 질투해서 그런 거야. 신경 꺼.

유머돌이 ::: ㅋㅋ. 왜 그런지 다음 시간에 손들고 물어봐.

나도그래 ::: 걍 무시해. 점수만 따면 되지 뭐.

김정석 선생님의 답글입니다.

똑똑남아, 너의 고민 잘 읽어 보았어. 여러 가지로 힘들겠구나. 네가 힘들어할 모습이 눈에 선해서 선생님 마음까지 아프단다. 너의 이야기를 들으니 15년 전 선생님이 중학교에 입학했을 때가 생각나는구나. 선생님은 아주 깊은 시골에서 태어나 자랐단다. 선생님이 다닌 초등학교는 전교생이 100명가량 되는 조그만 학교였어. 우리 학년은 모두 20명 정도였고, 이 친구들과 1학년부터 6학년까지 계속 같은 반이었지. 전체 인원이 적은 데다가 모두 엄청 친했기 때문에 누가 누구를 시샘하고 따돌리는 일은 상상하지 못했단다.

어쨌든 선생님은 이런 초등학교를 졸업하고 도시에 있는 중학교로 유학을 가게 되었어. 한 반에 학생이 50명씩이고 한 학년에 8반까지 있는, 나에게는 엄청나게 큰 학교였지. 그래도 기죽지 말아야 한다는 생각에 다른 사람들 앞에 많이 나섰어. 그래서 선생님들에게 칭찬도 많이 받았고.

그런데 친구들 눈빛이 이상한 거야. 내가 뭐만 하려고 하면 딴죽을 걸더라. 너처럼 발표하려고 손만 들어도 야유를 보내고 말이야. 속으로 '재네들은 나를 질투하는 거야'라고 무시해 버렸지. 하지만 시간이 갈수록 참 외롭더라. 그래서 그나마 말이 통하던 짝꿍에게 물었지.

"내가 그렇게 잘못하고 있냐?"

하고 말이야. 그랬더니 친구가 하는 말이,

"적당히 좀 해. 너무 날뛰는 거 여기선 별로 안 좋아해."

누구보다도 열심히 잘해 보려고 했을 뿐인데, 그런 모습 때문에 날 싫어한다니 이해하기 힘들었지. 하지만 짝꿍의 말 덕분에 야유하는 친구들의 마음이 어떤지 조금은 알 수 있었어.

남들 앞에서 발표를 잘하는 것은 참 중요한 능력이야. 어른이 되어 회사 같은 데 가면 그런 능력을 대단히 중요하게 여기거든. 넌 네가 알고 있는 것을 남들 앞에서 조리 있게 발표할 수 있는 능력을 갖추고 있는 거야. 그건 정말 축복이지.

그렇다면 그런 능력을 어떻게 사용해야 할지 생각해 보자. 발표 횟수로 수행 평가 점수를 주는 교과목이 있다는 거, 그래서 부담이 크다는 거 선생님도 잘 알아. 그런데 네가 발표를 많이 하면 할수록 다른 아이들에겐 그만큼 발표할 기회가 줄어들지 않겠니? 그러면 다른 아이들은 점수를 못 받을 거고, 또 그만큼 너를 좋지 않게 볼 수도 있지.

그리고 참, 너보다 발표를 적게 하고도 점수를 높게 받는 친구들이 있지? 선생님들은 무조건 발표를 많이 한다고 높은 점수를 주지 않아. 보통 발표 횟수보다 내용을 더 중요하게 평가하거든. 그리고 친구와 협동하는 자세를 평가에 반영하기도 해. 그러니 가끔은 발표 기회를 친구에게 양보해 주렴. 혹시 옆자리 친구가 어떻게 발표해야 할지 몰라 망설이고 있다면 도와주는 센스를 발휘해도 좋겠다. 네 발표 횟수가 줄어들더라도 선생님께서는 여전히 네가 열심히 한다는 걸 잘 알고 계실 거야.

또 숙제나 준비물을 친구들과 공유할 수 있다면 좋겠지? 네가 자기만 알고 살아가는 사람이 아니라 남을 도와줄 줄 아는 사람이라는 걸 친구들도 안다면 너에 대한 태도는 분명 달라질 거야.

선생님의 조언이 도움이 되었는지 모르겠구나. 넌 훌륭한 능력을 가졌다는 걸 명심해! 아울러 이 능력을 상황과 장소에 따라 적절히 발휘할 수 있기를 바란다. 세상은 혼자 사는 곳이 아니라 함께 살아가는 곳이니까. 항상 남을 배려하고 함께 웃을 수 있도록 노력하기 바란다. ^^

혼자가 편해요. 건드리지 말아요.

작성자	혼자만	댓글	3

저는 단체 생활이 싫어요. 마지못해 학교에 가지만, 하지 말라는 것도 지켜야 하는 것도 너무 많아요. 차라리 혼자 있는 게 더 편해요. 하고 싶은 일만 내 마음대로 하면서 살 수는 없을까요?

 **악플이** ::: 아예 다른 별로 이사를 가시지.

 **이죽이** ::: 공감! 우리 친하게 지낼래? 참, 혼자 있고 싶다 그랬지.

기운내 ::: 함께하는 생활 속에서 얻는 것도 있는 법이야.

김혜정 선생님의 답글입니다.

안녕, '혼자만'이고 싶은 친구! 혼자가 되고 싶었던, 그리고 한참을 혼자 있어 봤던 선생님의 경험을 들려주면 '혼자'라는 의미를 다시 생각해 볼 수 있지 않을까 싶다.

몇 해 전 방학이었어. 선생님은 책을 뒤적거리고 음악도 들으며 사흘을 혼자 방 안에서만 지낸 적이 있어. 스스로 작정한 일이었기에 한동안은 행복했지. 약속과 계획에서 벗어난 자유, 누구에게도 간섭을 받지 않는 고요함을 마음껏 즐겼다.

그러나 하루가 지나고 이틀이 지나 사흘째 되던 날, 깊은 물속에 가라앉은 듯 세상과 단절된 고요함이 어느새 불안하고 불편해지더구나. 서서히 나 자신이 집 안에 있는 장롱이나 책상과 다를 바 없는 사물이 되어 가는 것 같았어. 그 자리에 더 이상 내가 없는 기분이었지. 두려워진 나는 서둘러 허겁지겁 사람들에게 연락을 했고, 그들과 함께 웃고 떠들면서 비로소 '나'를 찾을 수 있었다.

그 일을 겪고 나서 깨달았단다. 자유롭다는 것은 도망치고 숨는 것이 아니라 마음과 생각을 가볍게 하여 새처럼 날아오르는 것이라는 사실을!

물이 흐르지 않으면 탁해지는 것처럼 사람도 한곳에 오래 머물면 그 속에 갇히게 된단다. TV를 오래 보면 TV 속에 갇히고 게임에만 빠져 있으면 게임 속에 갇히는 것처럼 홀로 방 안에만 있다 보면 스스로 마음의 문을 닫고 자신 안에 갇히게 되는 것이지.

지금은 몸과 마음을 키우며 자신다운 모습을 찾아 나가는 시기라고 생각하자. 네가 속한 집단 속에서 배울 점과 배우지 말아야 할 점을 가리며 스스로를 만들어 가는 중요한 시기라고 말이야!

선생님도 여전히 혼자인 것을 좋아하지만, 함께하는 사람들이 있고 더불어 하는 일이 있을 때 비로소 혼자인 시간 역시 넉넉하고 소중한 것임을 알겠더라. 이렇듯 여럿 속에 있을 때 진정 혼자만의 의미도 찾을 수 있는 거란다. 사람들은 서로를 비추는 거울이기 때문이지.

혼자이기를 바라는 너는 무엇이든 혼자서도 잘할 수 있는 독립심과 의지를 지녔을 거야. 자, 이제 그런 네 자신을 믿고 기운차게 한 걸음씩 세상과 사람들 속으로 걸어가지 않을래?

날 좀 바라봐 주세요! 선생님이 좋아요.

작성자	엄마재또흙먹어	댓글	4

멋있는 국사 선생님이 좋아요. 하지만 저는 평범한 학생인 데다 내성적이라 선생님과는 눈도 잘 못 마주치겠어요. 국사 선생님과 친하게 지내는 친구를 보면 부럽고 질투도 많이 나요. 저도 선생님의 관심을 끌고 싶고, 빨리 친해지고 싶은데 좋은 방법이 없을까요?

열공소녀 ::: 국사 시험에서 100점 맞아 봐. 당장 예뻐해 줄걸?

이글아이 ::: 수업 시간에 뚫어지게 쳐다봐. 그럼 관심 온다.

좀짱인듯 ::: 무조건 튀면 돼. 지각 몇 번 하면 당장 이름 외울걸?

사실은 ::: 선생님들은 사실 예쁜 애들만 좋아해.

이미선 선생님의 답글입니다.

선생님은 학창 시절 너무나 평범한 학생이었단다. 예쁜 외모도 아니고 공부를 잘하는 것도 아닌데 변변한 장기조차 하나 없었거든. 그런 나에게도 남몰래 좋아하는 선생님이 있었어. 젊고 유머도 넘치는 가정 선생님이었지. 사교성이 좋은 친구들은 그 선생님께 친근하게 말도 잘 거는데 나는 가까이 다가가지도 못하니 참 안타깝더구나. 그래도 가정 시간만은 수업 내용을 하나하나 다 적어 가며 선생님 목소리에 열심히 귀를 기울였지.

그러던 어느 날 학습 활동 문제를 숙제로 풀어 가야 했는데, 그중에 블라우스를 직접 디자인하는 문제가 있었어. 안 해도 상관없었기 때문에 대부분 아이들은 그냥 넘어갔지. 하지만 난 선생님께 잘 보이고 싶은 마음에, 순정 만화의 남자 주인공이 입을 듯한 유치하면서도 화려한 블라우스를 그리고 그 옆에 '최신 유행을 선도하는 파리 패션을 그대로 담았어요'라는 장난스러운 설명을 덧붙였어. '한국을 대표하는 디자이너 봉쥬르 리'라는 서명과 함께 말이야.

그런데 다음 수업 시간에 선생님께서 내가 낸 과제가 정말 재미있다며 다른 아이들에게 소개해 주시는 거야. 어찌나 부끄러운지 난 고개도 못 들고 얼굴만 붉혔지. 그 후로 선생님은 수업 시간마다 내 생각들이 기발하다고 곧잘 발표를 시키셨어. 덕분에 가정 성적은 늘 좋을 수밖에 없었단다. 늘 선생님 말씀에 주의를 기울이고 과제도 열심히 했으니 당연한 결과였겠지?

나중에 들은 이야기지만 그 선생님은 수업 시간에 늘 눈을 반짝이는 내 모습이 그렇게 기특했다는구나. 나는 내가 전혀 관심을 끌 만한 학생이 아니라고 생각했는데 말이야. 선생님은 나의 엉뚱한 생각들을 기발하고 재치 있다고 봐 주신 거지.

이제는 내가 선생님이 되었지만 나 역시 마찬가지야. 공부 잘하고 외모 단정하며 선생님 말 잘 듣는 모범생도 좋지만, 정말로 관심이 가고 사랑스러운 아이들은 따로 있단다. 그건 마음이 순수하고 세상을 긍정적으로 보는 학생들이야. 또 수업 시간에 선생님 수업 열심히 들어 주고 호응해 주는 학생도 좋더라. 학생들에게 사랑받고 있구나 싶어 흐뭇한 기분이 들고 흥이 나거든.

누군가에게 잘 보이고 인정받으려고 애쓰는 모습은 참 아름다운 거란다. 그런 노력은 스스로를 더 나은 모습으로 발전시키는 힘이 되지. 그렇게 자신을 사랑하며 긍정적으로 세상을 바라보는 사람은 선생님뿐 아니라 이 세상 어느 누구에게나 사랑받을 수 있을 거야. ^^

첨부 파일

〈여선생 VS 여제자〉

천방지축 여선생과 대담 숙성 초딩 여제자의 대결

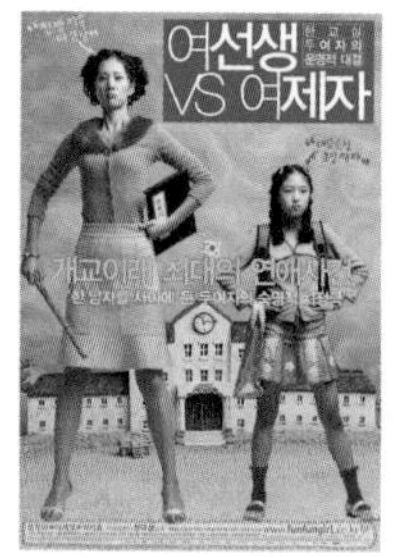

이 영화는 꽃미남 총각 선생을 두고 여미옥 선생과 깜찍 발칙한 제자 고미남이 엮어 나가는 좌충우돌 이야기야. 여기서 미남이가 왜 선생님에게 집착하게 되었는지 눈여겨볼 필요가 있어. 누군가에게 인정받고 사랑받길 원하는 사춘기 여학생의 심리를 엿볼 수 있거든. 그리고 그 과정에서 선생과 제자가 서로 마음을 열고 상대방을 이해하는 모습이 감동을 주지. 학창 시절 선생님의 관심을 끌려고 엉뚱한 사고를 친다거나 오히려 상대를 괴롭혀서 자신을 알리는 경우도 있잖아? 그런 경우를 생각하며 미남이의 내면을 살펴보면 더 재미있을 거야.

사랑받고 싶은 만큼 상대를 위해 노력하고 스스로를 사랑한다면 분명 새로운 자신을 발견할 수 있겠지? 물론 선생님도 그런 노력을 예쁘게 봐 주실 테고 말이야. ^^*

7	잔소리 좀 그만 해요. 못 참겠단 말이에요.		
작성자	울컥남	**댓글**	4

학교와 집에서 끊임없이 들려오는 어른들의 잔소리 때문에 못살겠어요. 성적은 왜 그 모양이냐, 그 성적으로 대학 갈 수 있겠냐, 학생답게 옷차림 좀 단정하게 하고 다녀라, 부모님이 너희를 위해 얼마나 고생하는 줄 아느냐……. 지긋지긋한 어른들의 잔소리! 탈출할 방법은 없나요?

우주여행 ::: 왼쪽 귀로 듣고 오른쪽 귀로 흘려 버려.

똥꼬방출 ::: 난 양쪽 귀로 듣고 똥꼬로 흘려 버리는데. ㅋㅋ

엄친딸 ::: 우리 잘되라고 하는 말씀인데 뭘 그러니?

ㄴ **똥꼬방출** ::: 얜 뭐냐? 재섭써! 췟!

정미선 선생님의 답글입니다.

네 글을 읽으면서 곰곰이 생각해 봤어. 상담 내용 중에 나오는 잔소리는 나도 적지 않게 해 본 소리더구나. 내가 교사다 보니 나도 모르게 식구들을 학생처럼 대하곤 하거든. 그래서 남편한테도 곧잘 이래라저래라 잔소리를 퍼부어 대지. 하루는 남편이 그러더라. "내가 당신 반 학생이야?" 어찌나 미안하던지.

우리 아이들한테도 마찬가지야. 하루는 큰아이가 돌아올 시간이 됐는데 오질 않는 거야. 무슨 일이 생기지는 않았을까 걱정하면서도, 계속 연락이 안 되니까 화가 나기 시작하더구나. 혹 피시방에서 게임을 하고 있는 거 아닌가 하는 상상까지 하니 화가 절정에 이르렀지. 분명히 친구들과 어울려 시간 가는 줄 모르고 놀고 있을 거라고 의심하게 됐어. 그렇게 화가 나 있을 때 헐레벌떡 뛰어 들어온 아이가 무어라고 변명을 하는데 듣지도 않고 따발총을 쏘아 대기 시작했어. 넌 우유부단한 성격 때문에 큰일이라는 둥, 제시간에 들어온 적이 한 번도 없다는 둥, 과거사청산위원회 위원장(?)의 쩌렁쩌렁한 목소리가 온 집 안을 들썩이게 했지. 나는 끊임없이 화를 내고 아이는 묵묵히 고개만 숙이고 있었어. 그게 또 답답해서 하고 싶은 말 있으면 하라면서, 것 보라고, 말하라면 말도 못한다고 또 잔소리를 이어 갔지. 제 풀에 지칠 때까지 말이야.

어쨌든 지쳐서 방에 들어와 있는데, 어디서 조그맣게 둘째 애 목소리가 들리더구나. "오빠, 오빠는 엄마가 잔소리할 때 화나면 어떻게 해? 나는 만화 줄거리를 처음부터 끝까지 생각한다. 그러다 보면 화도 풀려." 큰애도 그러더군. "나도 좀 지나니 익숙해지더라. 자연스럽게 딴생각이 들어서, 무슨 잔소리를 들었는지 기억도 안 나."

울컥남아, 너도 화가 날 만해. 잘못한 것뿐 아니라 성격, 태도, 버릇, 외모에 대한 소리까지 듣다 보면 이건 꾸중이 아니라 어른들의 한풀이라는 생각이 들 거야. 정확하게 뭐가 잘못이다 하면 좋겠는데, 잔소리가 시작되면 감정 섞인 비난까지 듣게 되니까 말이야. 하고 싶은 말 있으면 하라고 하지만 그게 어디 쉬워? 막상 대답하면 대드는 것처럼 보일 테니 그럴 수도 없고. 게다가 친구들 앞에서 야단을 맞으면 얼마나 자존심이 상하니.

네 글을 읽으면서 나도 엄마로서 선생님으로서 아이들의 마음을 다치게 했음을 반성했단다. 하지만 잘되라는 마음이 지나쳐 잔소리를 하는 어른들의 마음도 조금은 이해해 준다면 좋겠어.

이렇게 해 보면 어떨까? 상대방의 위치에서 생각해 보는 것 말이야. 미숙한 자식과 학생 노릇, 미숙한 부모와 선생님 노릇을 서로 이해한다면 오해의 간격을 좁힐 수 있지 않을까? 너도 부모님이나 선생님께 믿음을 줄 수 있도록 먼저 미안하다고 하거나, "이

것은 제 잘못이 아닙니다"라고 분명하게 말해 봐. 물론 어른들도 듣기 좋은 말로 오해를 푸는 연습을 해야지. "먼저 이야기를 들어 주지 않아서 미안해. 앞으로 더 잘할 수 있지?" 이렇게.

"고마워. 미안해. 사랑해." 너도 이런 말들을 듣고 싶지? 자신이 원하는 것이 바로 상대가 원하는 거라고 생각하고, 먼저 그렇게 말할 수 있도록 우리 노력하자. ^^

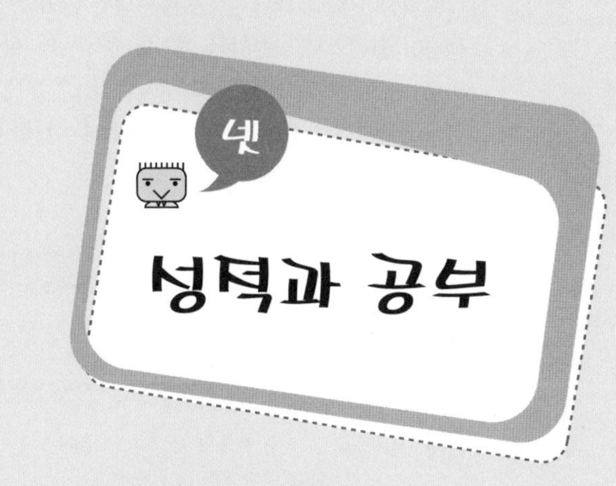
넷
성적과 공부

수학

1	왜 공부를 해야 하나요?		
작성자	궁금이	**댓글**	4

중학생이 되니 해야 할 공부가 너무 많아요. 매시간 다른 선생님이 들어와서 이런저런 얘기를 하시는데 잘 알아듣기 힘들어요. 그 많은 걸 어떻게 다 공부하나요? 도대체 공부는 누가 만들어 냈나요? 짜증이 나요. 공부하는 걸 좋아하지도 않는데 왜 해야 하는지 모르겠어요.

악플이 ::: 왜 하는지 모르는 게 아니라 하기 싫은 거겠지.

힘들어 ::: 나도 그래. 걍 매일 친구들이랑 놀면 좋겠어.

솔까말 ::: 좋은 고등학교 가고 대학 가려고 하는 거지. 아니냐?

범생이 ::: 공부를 왜 안 하는지 나는 그게 궁금한데?

정하나 선생님의 답글입니다.

선생님이 중학생 때 〈공부가 가장 쉬웠어요〉라는 책이 나와서 베스트셀러가 된 적이 있어. 참 나, 학생인 우리가 듣기에는 정말 어이없는 제목이었지. 제목만 들어도 짜증 나지 않니? 그 지겨운 공부가 가장 쉽다니! 그런데 어른들은 하나같이 "그래, 맞아. 그러니까 너희도 공부 열심히 해. 돈 버는 일이 얼마나 어려운 줄 알아?" 하시는 거야. 그때 난 '어른들이 공부한 지 오래돼서 잊어버렸나 본데, 세상에서 제일 힘든 게 공부라고요!' 하고 속으로 외치곤 했지.

선생님도 중학생 때는 공부가 정말 싫었어. 친구들이랑 놀고만 싶고, 이 지겨운 걸 왜 해야 하는지 모르겠더라. 어른들은 늘 훌륭한 사람이 되려면 공부를 열심히 해야 한다고만 하셨지, 도대체 어떤 사람이 훌륭한 사람이고 왜 꼭 훌륭한 사람이 되어야 하는 건지, 공부와 훌륭한 사람이 무슨 상관이 있는 건지에 대해서는 말씀해 주시지 않았거든.

학교 공부 자체가 인생의 목적이 될 순 없어. 이 말은 공부를 위한 공부, 즉 반에서 1등을 하기 위한 공부는 의미가 없다는 말이지. 공부는 네가 정말 하고 싶은 일을 하기 위한 바탕이 될 좋은 '도구'란다. 나처럼 선생님이 되고 싶다면 선생님이 되는 데 필요한 것들을 대학에서 배우려고 공부하는 거지. 지금 중학교에서 하는 공부는 꿈을 이루려고 거치는 과정인 셈이야. 내겐 선생님이 되는 것이 아주 간절한 꿈이었거든. 그래서 누가 시키지 않아도 열심히 할 수 있었던 것 같아. 궁금이는 커서 뭐가 되고 싶어? 그건 생각해 봤니? 그걸 알면 공부가 가장 쉽진 않아도 재미있어질지 몰라.

물론 선생님도 공부가 가장 쉽다는 말에는 공감하지 않아. 다만 선생님이 깨달은 건 공부가 세상 다른 어떤 일보다 재미있을 수 있다는 거야. 물론 여기에는 조건이 있지. '하고 싶은 공부를 하는 것!' 정말 하고 싶은 공부가 생기면 남들이 다 말려도 하겠다고 스스로 나설걸? 못 믿겠다고? 두고 보렴. ㅋㅋ

그러니 '1등'이 되기 위한 공부에 집착하고 스트레스 받지는 마. 그보다 네가 정말 어떤 일을 하면서 살고 싶은지 잘 생각해 보렴. 그리고 멋지게 그 일을 하고 있는 미래의 네 모습을 상상해 봐. 그러면서 그 길까지 가기 위한 과정을 하나씩 짚어 보는 거야. 네가 지금 하고 있는 공부도 틀림없이 그 과정에 들어갈 거야. 그것이 꿈을 이루기 위한 거라면, 정말 신나는 일이잖아!! ^^

베스트셀러
잘 사는 나라!
기호 1번
와—
와—
내가 커서
하고 싶은
일은…

2	공부하면 뭐 해요. 성적도 안 오르고 무시당하는데.		
작성자	성적날다	댓글	3

학원도 다니고 과외도 받았지만 성적이 오르지 않아요. 나름대로 열심히 한다고 생각하는데 성적이 제자리라 너무 속상해요. 전 머리가 나쁜가 봐요. 이제 더 이상 어떻게 공부해야 할지 모르겠어요. 성적 올리는 방법 좀 가르쳐 주세요.

댓글

용수철 ::: 이제부터가 시작이야. 힘내!

엄친아 ::: 그것 참 이상하다……. 공부처럼 쉬운 게 또 있나?

꼴찌탈출 ::: 열심히 하면 언젠가 그 결실을 보게 되어 있어. 날 봐.

정미경 선생님의 답글입니다.

학생이라면 누구나 성적에 대해 신경 쓸 거야. 선생님도 학창 시절, 성적 때문에 얼마나 많은 고민을 했는지 몰라. 중학교 올라와 첫 시험을 보게 되었을 때 독서실까지 다니면서 열심히 시험 준비를 했어. 그런데 결과는 나의 기대에 영 미치지 못했어. 거의

밑바닥이었지. 아, 그때의 충격과 공포! 한동안은 선생님께서 출석 번호를 부르실 때 나도 모르게 나의 성적 등수랑 같은 번호에 대답을 하기도 했어. 친구들은 내가 왜 그러는지 몰랐지만 난 너무 부끄러웠어. 애들이 나의 성적을 알게 될까 봐.

성적 때문에 속상해하는 학생은 너뿐만이 아니란다. 그만큼 성적 문제는 쉽게 해결하기 힘들지. 선생님이 학교에 있으면서 학생들과 나누었던 대부분의 상담 내용이 성적에 관한 것이었어. '공부를 열심히 해도 성적이 잘 나오지 않아요', '어떻게 하면 성적을 올릴 수 있을까요', '성적 때문에 부모님께 혼나서 너무 괴로워요……'와 같은 것들 말이야.

성적에 대해 고민하는 것은 당연한 일이야. 특히 중학교부터는 성적에 대한 부모님의 관심이 초등학교 때와 달라 부담도 될 거야. '중학생이 되었으니 뭔가 좀 달라져야지', '중학생이 되었으니 더 열심히 공부해야지' 등등.

그래서 고민 끝에 학원 문도 두드려 보고 과외도 받아 보았겠지. 생각만큼 성적이 나오지 않아 괴로워하기도 하고……. 그렇지만 기억하렴. 가장 중요한 것은 너의 의지라는 점을. 학원이나 과외 교습에서 시키는 대로만 하는 공부는 온전히 네 것이 될 수 없어. 공부의 주체는 학원이나 과외가 아닌 너 자신이 되어야 해.

따라서 지금 필요한 것은 너에게 맞는 학습 방법을 찾는 거야. 유명 인사들의 공부 방법을 살펴보면, 공부에 왕도가 따로 없음을 알게 될 거야. 어떤 사람은 음악을 들으면서 공부하는 것이 좋다고 하는 반면에 어떤 사람은 듣지 말라고 하고, 어떤 사람은 취약한 과목을 집중 공략하라고 하는데 어떤 사람은 오래 붙들고 있지 말라고 하는 등, 서로 모순되는 처방들을 얘기하곤 하지. 가장 좋은 처방은 너에게 맞는 너만의 학습 방법을 찾는 거야. 그러기 위해서 우선 네 공부하는 습관이 어떤지, 어떻게 공부할 때 학습 효율이 높은지 스스로 잘 생각해 봐.

뿐만 아니라 공부가 생활의 일부분이 될 수 있도록 매일 조금씩 혼자서 공부하는 습관을 길러 봐. 평상시에는 꾸준히 조금씩 하다가 시험 때가 되면 좀 더 열심히 시험 범위를 복습하고 정리해 보는 것도 하나의 방법이 될 수 있어. 물론 이러한 습관을 가지는 게 쉬운 일은 아니야. 양치질 매일 하지? 처음엔 귀찮아서 하지 않을 때도 있었을 거야. 하지만 지금은 어때? 양치질을 하지 않으면 찝찝하고 다른 사람과 얘기할 때 신경도 쓰이지? 공부도 마찬가지야. 한번 습관을 붙인 후에는 생각보다 힘들이지 않고 매일 할 수 있을 거야. 물론 적당한 휴식을 취하는 것도 중요해. 무작정 공부만 하는 것은 오히려 학습 능률을 떨어뜨리니까. 공부할 땐 집중해서 공부하고 쉴 땐 충분히 쉴 줄 아는 융통성도 필요해.

행복은 성적순이 아니라는 말도 있단다. 학교 성적이 사회에서의 성공이나 개인의 행복을 결정짓는 절대적인 기준은 아니야. 열심히 공부하는 일이 중요하기는 하지만, 그것이 삶의 전부는 아니니 절망하거나 포기하지 말자. 마음의 여유를 가지고 열심히 노력한다면 성적으로 인한 고민을 잘 해결할 수 있을 거야.

학생은 공부하는 기계인가요?

작성자	나기계	댓글	4

새벽부터 밤까지 학교에서 학원으로, 시험 기간에는 토요일 일요일까지 학원에서 프린트 들고 달달달 외우기 바쁘고, 성적표 나오면 엄마 아빠 잔소리……. 이제 겨우 열네 살, 우리가 공부하는 기계인가요? ㅠㅠ

엄마짱 ::: 웬 엄살? 너만 힘드니? 다른 애들은 군소리 않잖니!

인생막장 ::: 하기 싫으면 하지 마. ㅋㅋ

공부기계 ::: 흥. 조낸 맞고 나면 아무 생각 안 날걸.

로박사 ::: 기다려. 대신 공부해 주는 로봇을 만들어 주마.

김수란 선생님의 답글입니다.

음, 먼저 선생님 이야기를 조금 해 볼까? 2002년 월드컵 최고의 경기, 이탈리아 전을 기억하니? 세계 최강팀을 꺾고 8강에 올랐다는 기쁨에 전 국민이 붉은 악마로 변신해 도로로 뛰쳐나왔잖니. 그날, 피 끓는 고등학생이었던 선생님과 친구들도 야간 자율 학습을 제끼려고 신나게 교실을 뛰쳐나왔지. 그런데 교문을 사수하고 계시던 교감 선생님께 딱 걸려 버린 거야. 우리가 어떻게 했는지 아니? 상상해 봐. 순식간에 몰려나온 이백 명의 여고생들이 버팔로 떼처럼 교감 선생님께 돌진해서 교문을 뛰어넘는 모습을! 우린 화가 머리끝까지 난 교감 선생님을 따돌리려고 죽도록 뛰었단다. 지금 생각해도 푸훗, 웃음이 나는구나.

갑자기 이 얘기를 왜 하냐고? 선생님은 그날 산길을 달려 내려오면서 숨통이 탁 트이는 기분이 들었거든. 꽉 끼는 교복에 넥타이를 매고 있었지만, 그렇게 살아 있는 느낌은 처음이었어. 내가 하고 싶은 것을 하려고 숨이 차도록 달리는 것이 그토록 가슴 뛰고 설레는 일이라는 것을 왜 그때야 알았을까.

선생님도 그런 기억이 있기에 지금 너의 심정을 잘 이해할 수 있구나. 매점 가서 아이스크림 하나 먹을 틈도 없이 학교와 학원을 오가느라 눈이 핑핑 돌아가고, 한밤에야 겨우 집에 돌아와 잠시 쉬려고 하면 밀린 숙제가 떠오르지. 한다고 했는데도 성적표가 나오면 부모님께선 성적이 오르지 않는다고 잔소리를 늘어놓으실 테지. 성적 때문에 누구보다도 상처를 받는 건 바로 너일 텐데 말이야.

나사못 하나가
기관차를 달리게도 하고 멈추게도 한다.
나사못이 기관차를 끌고 간다.

이 세상을 위해 존재하지 않는 사물은
하나도 없다.
이 세상에 버릴 것은 하나도 없다.

선생님이 좋아하는 안도현 시인의 '버릴 것 하나도 없으니'라는 제목의 시야. 시인의 말처럼 세상에 버릴 것은 하나도 없지. 너도 마찬가지야. 세상을 달리게 하는 재능이 분명히 너에게도 있어. 너 자신이 기계처럼 느껴질 때, 지금이 그런 재능을 찾는 과정이라고 생각하렴.

선생님이 그날 학교 교문을 뛰어넘으면서 깨달은 건, 사람은 스스로를 위해 최선을 다해 달릴 때 가장 행복하다는 거였어. 그래서 말해 주고 싶어. 넌 다른 사람을 위해 일하는 기계가 아니라는 걸. 지금 네가 있는 힘껏 달리는 건, 무엇보다도 스스로를 사랑하는 일이라는 걸.

축구와 사랑에 빠졌던 선생님은 요즘 야구에 푹 빠져서 시험 기간 내내 칠판에 '야구는 9회 말까지'라고 써 두었단다. 무슨 뜻이냐고? 야구는 승부가 금방 결정되지 않아. 9회 말이 끝나는 순간까지 포기하지 않고 최선을 다하는 팀이 이기지. 삶도 마찬가지야. 자신을 사랑하는 마음으로 매 순간 최선을 다해야 해.

네 나이 이제 열서너 살. 9회 게임에서 이제 막 1회가 시작되었을 뿐이야. 사랑하는 너 자신을 위해 열심히 달릴 준비, 되었니?

시험 때만 되면 울렁증이 도져요. 꾀병 아닌데…….

작성자	울렁이	댓글	3

시험이 두려워요. 시험 때만 되면 머리나 배가 아파요. 엄마나 선생님께 얘기하면 꾀병인 줄 알아요. 난 진짜 아픈데……. 게다가 알고 있던 것도 기억이 잘 안 나고 실수도 많이 하게 돼요. 정말 시험 없는 세상에서 살고 싶어요. ㅠ.ㅠ

난더해 ::: 시험을 없애 버려~ 제발 좀 없애~

돌팔이 ::: 꾀병 맞네. 내가 바뀌면 세상이 바뀐다, 몰라? ㅋㅋ

해결사 ::: 답을 알면 정말 쉬워! 답을 알고 싶으면 공부해! ㅎㅎ

박정화 선생님의 답글입니다.

"영어 100점, 수학 100점, 와우~ 과학마저 100점! 우리 정화 정말 공부 잘하네!"라며 누군가가 내 머리를 쓰다듬는데…….

"오~ 하느님, 부처님, 알라신이시여! 제발~ 엄마! 나 늦었어요. 어떡해요……. 엉엉엉~"

이게 무슨 상황인지 알겠니? 매번 시험 때면 벼락치기를 하다 책상 앞에서 잠이 들고 시험 날 아침에야 호들갑을 떨던 선생님의 학창 시절 모습이야.

선생님도 너처럼 시험 때만 되면 온몸에 비 오듯 땀이 흐르고, 멀쩡하던 머리가 깨질 듯 아팠단다. 시험지를 받아 들면, 밀려오는 공포감으로 머릿속은 하얘지고 알고 있던 내용들도 다 뒤죽박죽되곤 했어.

"잘해야 해, 점수 엉망이면 어떤 일이 일어나는지 알지?"라는 무의식이 나의 머리를, 마음을 조여 와서 그랬나 봐. 특히 못하는 과목에서는 어찌 그리 '찍기'도 안 되는지. 답만 쏙쏙 피해 달아나니 점수를 매기다 보면 시험지에 소낙비가 내리곤 했지.

학창 시절이 얼른 끝나기를 기다렸어. 어른이 되면 시험을 보지 않는다고 생각했거든. 그런데 웬걸! 어른이 되어도 여전히 시험을 쳐야 하더구나.

우리는 항상 시험 속에서 살아가야 한단다. 학교 시험, 자격증 시험 등 정말 다양한 시험들이 우리를 둘러싸고 있지. 그뿐이 아니야. 우리가 결정해야 하는 크고 작은 일들, 어려운 상황들이 모두 시험이기도 해. 이렇게 이야기를 하니 또 배가 아파 오니? ^^;

그렇다면 이 이야기를 들어 보렴. 불법을 배우러 당나라에 가던 원효대사는 폭풍우를 만나 헤매다 기진맥진해서 굴을 발견했대. 거기서 밤을 보내는데, 하얀 바가지에 물이 담겨 있는 거야. 꿀꺽 꿀꺽 시원스럽게 마셨지. 다음날 간밤에 너무나 시원하고 달게 먹었던 물이 해골에 고인 물인 걸 알게 되었어. 구역질이 나서 모두 토해 버렸지. 그 일로 모든 것은 마음에 달렸다는 깨달음을 얻었다고 해. 나를 지배하는 것은 환경이 아니라 마음이라는 거지. 시험은 단지 내 주위의 환경 중 하나일 뿐이야. 그렇다면 어떤 마음을 가져야 할까?

첫째, 시험을 친구라고 생각해 봐. 그러려면 우선 친구에 대해서 잘 알아야겠지? 다행히 시험에 대해서는 수업 시간에 잘 알려 주고 있으니 집중해 메모하고 복습해 봐. 그리고 시험이라는 친구에게, "나 너에 대해서 정말 많이 알고 있어" 하며 자랑을 하는 거야.

둘째, 선생님을 좋아해 봐. 선생님은 시험이라는 친구에게 가까이 다가갈 수 있도록 누구보다도 잘 도와주는 사람이거든. 선생님도 고등학교 때 국어 선생님께 잘 보이려고 수업 준비를 열심히 하다 보니 시험이라는 녀석과 친해져 있더라고. ^^

마지막으로 자기 자신을 믿어 보자. 시험이라는 친구 앞에 나설 땐 두렵기도 하고 부끄럽기도 하겠지만, '괜찮아, 잘될 거야'라고 생각하면서 스스로를 다독여 봐. 친구들과 비교하지 말고 나의 예전 모습과 경쟁하여 이길 수 있다는 믿음을 갖는 거야.

양궁 선수들은 시합에 나가기 전에 명상을 한다고 해. 과녁을 머릿속에 그리고, 시위를 당기고, 과녁을 향해 쏘는 거지. '화살이 천천히 과녁을 향해 날아간다. 그건 반드시 과녁의 정중앙에 꽂힐 거다'라는 마음으로 상황을 그리면서 몰입하다 보면 자신감이 생기고 실제 시합에서도 잘할 수 있게 된대.

어떤 문제든지 해결 방법은 있어. 자신감을 갖고 긍정적인 생각으로 어떻게 풀어 나갈지를 고민하다 보면 모든 문제는 쉽게 풀릴 거라고 선생님은 믿어. '시험아, 어서 와라! 내가 기다린다!' 이런 적극적인 자세로 시험을 맞이하면 어떨까?

5	책만 잡으면 잠이 와요. 무서워서 책을 못 봐요.		
작성자	수면책	댓글	4

저는 왜 책만 잡으면 잠이 올까요? 국어 선생님이 책을 많이 읽어야 국어 공부는 물론 다른 공부도 잘할 수 있다는데, 책만 잡으면 잠이 와요. 독서가 중요하다는 건 알지만 책 읽기는 너무 따분해요. 재미있게 책을 읽을 수 있는 방법은 없을까요?

댓글

불면증 ::: 수면제 따로 살 필요 없어 좋겠네~ ㅋㅋ

피방알바 ::: 그러게 일찍 자란 말이야, 밤새 오락하지 말고.

책벌레 ::: 난 책만 읽으면 오던 잠도 깨던데?

잠충이 ::: 책벌레 재섭써!

홍기연 선생님의 답글입니다.

톨스토이의 〈부활〉이란 책, 들어 본 적 있니? 중학교 때 책벌레 친구 한 녀석이 낑낑대며 몇 달에 걸쳐 그 책을 읽던 모습을 난 아직도 잊을 수 없어. 들어 본 적도 없는 책을 열심히 읽는 친구를 보며 나도 〈부활〉을 꼭 읽어야겠다고 결심했지. 그러나 그 책의 두께를 보는 순간, 친구 녀석에 대한 은근한 경쟁심은 사라지더구나. 나중에 고등학생이 되어 다시 도전했지만 역시 실패했어. 책장을 넘긴 손자국 대신 나의 침으로 팅팅 불어 버린 책을 도서관에 반납해야 했지.

선생님이 된 지금은 달라졌냐고? 아니! 요즘도 두꺼운 책만 보면 멀미가 나. 가끔 작정을 하고 읽지만 한두 장 읽다 보면 잠이 솔솔 오지 뭐. 바른 자세로 앉아서 책을 읽으면 졸리지 않다지만, 책상 앞에 허리를 곧추세우고 책을 읽는 사람이 몇이나 되겠어. 침대에 비스듬히 눕거나 소파에 기대서 편하게 읽는 게 좋은데. 그러다 보니 따분한 내용의 책들은 금세 잠을 불러오지.

다행히 요즘 학교 선생님들은 딱딱한 고전이 아닌 재미있는 책들을 많이 권해 주시더라. 그 책들만 찾아 읽어도 독서에 흥미를 가지게 되지 않을까 싶어.

한 가지 유의할 점은 책을 무조건 많이 읽는다고 좋은 건 아니라는 거야. 단 한 줄을 읽더라도 그 내용을 곱씹어 생각하는 게 중요해. 그리고 독서 시간도 중요하단다. 1시간 이상 집중해서 읽을 수 있다면 더할 나위 없겠지만, 5분씩 10분씩 짬짬이 읽는 독서량도 무시할 수 없으니 항상 책을 들고 다니는 습관을 들이면 좋겠지.

'바람의 딸'로 유명한 한비야 씨 알지? 한비야 씨는 매년 새해 첫날이 되면 한 해 동안 읽을 책의 목록을 만든대. 해마다 100권의 책을 읽겠다고 목표를 세우는데, 고등학교 때부터 세운 이 목표를 한 번도 놓쳐 본 적이 없다더라. 우린 중학생이니까 처음부터 100권은 너무하고 한 30권 정도에 도전해 보면 어떨까?

책 읽기가 따분한 이유 중 하나는 읽고 나서 뭔가 써야 한다는 강박관념일 수도 있어. 일단은 아무것도 쓰지 말고 읽기만 해 봐. 다만 내가 어떤 책을 읽었는지는 알아야 하니까 책 제목과 지은이, 읽은 날짜 정도는 간단하게 기록해 두는 게 좋겠지.

책을 읽고 싶은 마음을 가졌다는 것만으로도 독서할 준비는 된 거야. 다만 네 취향과 수준에 맞는 책을 아직 찾지 못한 것뿐이지. 뭔가 유익한 책을 읽어야겠다는 생각을 접고, 재미있는 책들을 자유롭게 읽다 보면 책 읽기가 좋아지기 시작할 거야.

자, 주저하지 말고 도서관에 가서 만만해 보이는 책을 골라 봐! 그리고 세상에서 가장 편한 곳에서, 우주에서 가장 편한 자세로 읽기 시작하렴!

ZZ~
음냐
음냐~
부활

짜증나는 수행 평가, 뭐가 뭔지 모르겠어요.

작성자	수행중	댓글	3

시험공부 때문에 잠도 제대로 못 자고 놀지도 못하는데 그것도 부족해서 수행 평가까지 있다니 너무한 거 아니에요? ㅠㅠ 수행 평가가 도대체 뭐예요? 그리고 어떻게 하면 수행 평가에서 좋은 점수를 받을 수 있나요?

말발이 ::: 학교 다니다 보면 대충 다 해결되거든. 걱정 마삼.

엽기녀 ::: 기냥 인생 포기하면 돼!!!

폐인모드 ::: 나도 수행 평가 때문에 인간 말종 된 놈이다.

권영순 선생님의 답글입니다.

대학생이 된 제자들에게 물어보니 수행 평가와 관련된 추억이 의외로 많더라. 수행 평가라 하면 글씨 똑바로 쓰기 연습, 예쁜 그림으로 장식하기 연습, 인터넷에서 긁어 오기 연습, 문장 부풀려 쓰기 연습이었다고 고백하는 친구도 있었어. 어떤 제자는 수행 평가에 협조를 하지 않는 친구와 싸웠다가 화해해서 더 친해졌다고도 하고, 다른 제자는 수행 평가 발표를 한 다음 선생님께 칭찬을 듣고 그 과목이 좋아져서 전공으로 선택하게 되었다고도 하더구나.

만약 이 세상에서 시험이라는 제도가 없어진다면? 생각만 해도 즐겁지? 무엇보다 공부하라는 부모님과 선생님의 잔소리에 스트레스 받을 일이 없을 테니 말이야. 그렇지만 선생님이 지금까지 살아오면서 얻은 교훈 가운데 하나는 노력 없이 얻는 결과물에 욕심을 부려서는 안 된다는 거야. 세월이 흐른 다음에 보면 그것이 나에게 결국 독이 된다는 사실을 절감하게 되거든.

수행 평가는 얼마나 학생들이 수업 내용을 잘 이해하고 있는가를 평가하는 거야. 한두 번의 시험으로 학생들의 실력을 평가하는 데는 문제가 많기 때문이지. 그런 수행 평가에서 가장 중요한 요소는 아무래도 수업 태도겠지? 그래서 평소 수업에 적극적으로 참여하는 성실한 학생이 좋은 점수를 받게 된단다. 그날의 컨디션이나 벼락치기 공부와 같은 운이 큰 변수로 작용하지 않는 장점이 있지. 자신의 노력에 따라 평가의 결과도 얼마든지 좋아질 수 있으니 어떻게 보면 아주 바람직한 평가 방법이야.

모든 공부가 그렇듯이 수행 평가도 다음 몇 가지를 지키면 평균 이상의 점수를 받을 수 있어.

1. 수업 시간에 준비물을 꼭 가져간다.
2. 조별 활동의 경우 조장이나 기록자 등 중요한 역할을 맡으려고 노력한다.
3. 보고서를 쓸 경우 글씨를 단정하게 쓰고 배운 내용을 충분히 활용한다.
4. 인터넷 등에서 베껴 오지 말고 직접 하려고 노력한다.
5. 주어진 시간 내에 보고서나 과제 등을 잊지 않고 제출한다.

어려워 보이니? 능력도 안 되는데 누가 조장을 시켜 주겠냐는 둥, 공부할 시간도 부족한데 조장은 시간을 너무 많이 빼앗긴다는 둥, 불평하는 이야기를 나도 종종 들어. 그러나 공들여 한 공부는 결국 내 것이 된다는 사실을 잊지 말도록! 친구들이 협조해 주지 않아 조별 활동 과제를 혼자 하다시피 했는데 점수는 모두 똑같이 받았다고 화를 내는 학생들에게 선생님이 자주 해 주는 말이 있어.

"점수는 겉으로 드러나는 숫자에 불과해. 수행 과제를 해결하는 과정에서 얻은 너의 경험은 고스란히 네 것이란다."

그것은 누구도 가져갈 수 없어. 지금 당장 손해 본 것 같아 속상하겠지만 그 과정이 얼마나 너를 성장시키고 훈련하는지 알게 되면 아마 놀랄 거야.

어른이 되어 많은 사람들 앞에서 직접 개발한 프로젝트를 발표하는 당당한 너의 모습을 상상해 보렴. 수행 평가는 네가 성장할 수 있는 절호의 기회가 될 거야. 기회는 항상 잡으려고 노력하는 사람 앞에 찾아온다는 걸 잊지 마.

7 발표만 시키면 가슴이 콩닥거려서 미치겠어요.

작성자	콩닥콩닥	댓글	4

수업 중에 선생님이 저에게 질문을 하시면 얼굴은 빨개지고 가슴은 콩닥콩닥, 입은 붙어 버리고 머리는 하얘지는 기분이 들어요. 친구들이 다 저만 쳐다보는 것 같고요. 너무 떨려서 아는 것도 말 못하면 정말 속상해요. 흑흑. ㅠㅠ

새가슴 ::: 넌 가슴이 콩닥콩닥하냐? 난 벌렁벌렁한다. ㅠㅠ

유머돌이 ::: 가슴이, 가슴이~ 껌딱지예요. ㅎㅎ

선플이 ::: 나랑 비슷하구나. 나도 발표가 증말증말 싫어잉.

그만시켜 ::: 내 번호랑 날짜 같은 날은 진짜 학교 가기 싫어.

나영숙 선생님의 답글입니다.

예전에 한 소심한 여학생이 있었어. 사람들이 꽉 찬 버스 속에서 시달리다 집 근처 버스 정류장이 나타나자 기분이 좋아지기 시작했지. 그런데 집 근처 버스 정류장에 거의 다 왔는데 아무도 벨을 누르는 사람이 없었어. 그 여학생은 무척이나 망설였단다. 벨을 누르자니 왠지 버스 안에 가득 찬 사람들이 자신의 손가락만 뚫어져라 쳐다볼 거란 생각이 들어서였지. 결국 그 여학생은 다음 버스 정류장까지 가서 내릴 수밖에 없었단다.

그 여학생은 이전에도 다른 사람의 시선 때문에 자기가 내릴 정류장에서 못 내린 적이 여러 번 있었다고 해. 참 안타깝지? 그 바보 같은 여학생이 대체 누구냐고? 속이 터진다고? 여기서 고백을 해야겠구나. 그 여학생은 바로 이 글을 쓰고 있는 선생님이란다.

콩닥콩닥아! 선생님도 발표에는 영 젬병이었어. 벨을 누를 때 사람들이 다 내 손가락만 쳐다볼 거라고 생각한 것처럼, 수업 시간에 손들고 발표하면 반 친구들이 모두 나를 쳐다볼 거라는 착각에 빠졌던 거지.

대한민국 청소년 중에 자발적으로 손들고 발표하겠다는 학생이 얼마나 있을까? 어쩌다 있긴 하겠지만 많지는 않을 거야. 나도 네 심정 충분히 이해가 가. 선생님도 발표는커녕 간단한 질문에도 쩔쩔맬 때가 많았으니까. 특히나 수학 수업이 든 날이 내 번호와 연관된 날이면 아침부터 신상해서 울상으로 학교에 가곤 했지.

그런데 지금 내 직업이 뭐니? 바로 교사잖아. 많은 학생들 앞에서 열심히 강의를 하고 때로는 학생들을 웃기거나 울릴 줄도 아는 사람이 된 거지. 발표를 잘 못하고 떨었던 게 한이 되어서 학생들에게 발표를 실컷 시켜 보려고 선생님이 되었냐고? 그럴지도 모르겠구나. ㅎㅎ

나는 자라면서 나의 소극적인 부분을 긍정적 에너지로 바꾸려고 했어. 어떻게 했냐고? 선생님이 수업 시간에 나를 지목할까 봐 예습을 하기 시작했단다. 예습을 하고 나서 수업에 임하니까 아는 내용이 많이 나오면서 차차 자신감이 붙더라. 아는 내용이 나오면 입으로 조그맣게 말해 보곤 했지. 그런 내 모습을 본 선생님께서 크게 말해 보라고 하셨어. 처음엔 무척 쑥스러웠지만 자꾸 하다 보니 괜찮아지더구나.

너도 수업 시간에 떨지 않고 말할 수 있게 자신감을 키워 보면 어떻겠니? 노래를 못한다면 사람들 앞에서 노래 부르는 게 참 창피하고 싫지만, 노래를 잘한다면 자신의 노래 실력을 뽐내 보고 싶잖아. 마찬가지로 네가 아는 것이 있다면 그걸 사람들에게 표현해 보는 것도 좋을 듯싶구나. 모르면 창피하지만 알고 있으면 자신감이 붙잖니? 그러니 선생님이 그랬던 것처럼 아는 것이 많아지게끔 수업 예습을 해 보고 알고 있는 내용에 대해서는 살짝 '티'를 내 보기 시작하렴. 그럼 어느새 말하는 것에 대한 두려움도 조금씩 사라지고 어느 순간 멋지게 발표도 할 수 있을 거야. 지금은 널 위기로 몰아넣는 발표가, 너를 표현하는 좋은 계기가 되길 바란다. 파이팅!

필기, 정말 잘하면 성적이 오르나요?

작성자	눈앞이깜깜	댓글	4

시험을 며칠 앞두고 책상 앞에 앉았는데 보이는 것은 하얀 종이뿐이네요. 까만 것은 글씨요, 흰 것은 종이라더니 정말 막막합니다. 책을 펴도 왜 공부한 내용이 기억나지 않나요? 필기를 잘하면 성적이 오른다는데 정말인가요?

공감백배 ::: 너도 그렇구나. 아~ 시험이 내일인데 어쩌지?

늘졸아 ::: 넌 필기할 시간도 있냐?

엉엉 ::: 필기야 뭐 대충대충 휘갈겨 쓰면 되지. 방법은 무슨-

청부업자 ::: 필기 잘하는 놈들 화장실로 불러 손 좀 봐 줘.

윤구희 선생님의 답글입니다.

시험을 앞두고 공부하려니까 앞이 깜깜하지? 공부할 것은 많은데 정리해 둔 것은 없고……. 그렇다고 쉽게 포기하지는 말자. 포기는 배추를 셀 때나 쓰는 거란다.

선생님이 학교에서 수업을 하며 살펴보면 제대로 필기를 하는 학생은 드물어. 심지어 내가 중요하다고 목에 핏대를 세워 가며 외쳤던 것에도 아무런 표시를 하지 않거나, 표시를 하더라도 이건 중요하다는 표시인지 낙서인지 구분하기조차 힘들단 말이지. 그래서 자세히 봤더니 학생들의 성적에 따라서 필기 습관에 차이가 있더구나. 아래의 내용을 보며 자신의 약점이 무엇인지 생각해 보면 잘못된 필기 습관을 극복하는 데 도움이 될 거야.

먼저, 대다수의 하위권 학생들은 필기를 중요하게 생각하지 않아. 혹시라도 무서운 선생님이나 필기 상태를 꼼꼼하게 확인하는 선생님이 계시면 마지못해 끼적거리는 정도이지. 스스로 필기를 해야겠다는 생각이 없기 때문에 지루해지면 여지없이 기하학적인 무늬를 반복해서 그리게 돼. 예술적 재능이 뛰어나서 멋진 만화나 그림을 그리는 경우도 드물게 있지만 대다수는 무의미한 행동을 반복한단다. 나중에 시험공부를 할 때 활용할 수 없는 건 당연하겠지?

그러면 성적이 중간 정도인 학생들은 어떨까? 주로 선생님의 말씀을 한마디도 놓치지 않고 옮기는 데 급급하더구나. 아무리 손이 빨라도 선생님의 말을 그대로 적을 수는 없어. 특히 처음으로 접하게 되는 개념이나 공식에 대한 설명일 경우 더욱 어려움이 크지. 충분히 이해를 하고 넘어가야 하는데 전혀 모르는 내용을 바쁘게 받아 적기만 하다 보니 정작 중요한 설명을 놓치게 되거든. 나중에 필기 내용을 보더라도 이해가 되지 않기 때문에 공들여 필기를 한 만큼의 성과는 없을 수밖에. 이 경우 공부를 계속할수록 필기에 대한 부담이 커지기도 한단다.

이에 비해 상위권의 학생들은 서두르지 않아. 선생님의 설명과 칠판에 적힌 내용을 먼저 이해하려고 노력하고, 그중에서 핵심적인 내용이나 중요한 전환점이 되는 내용을 찾으려고 해. 자신에게 필요한 것과 필요 없는 것을 가려서 적기 때문에 앞의 학생들에 비해 훨씬 여유가 있어 보여. 다른 아이들과 두드러진 차이는 필기를 할 때 내용을 이해하고 이를 체계적으로 재구성한다는 거야. 이런 과정 속에서, 자신이 알고 있던 내용과 새로 배운 내용을 비교하며 자신만의 관점과 방식으로 수업 내용을 흡수하지.

자, 너의 필기 습관은 어디에 해당하니? 나쁜 습관을 가지고 있었다면 고쳐 나가야 하겠지? 그렇다면 다음과 같은 내용도 꼭 기억하자. 교과서에 중요한 부분을 표시할 때는 반드시 다른 색깔의 펜을 사용할 것. 깔끔하게 밑줄을 그을 수 있는 자를 하나 마련할 것. 너무 크지 않은 글씨로 적고 여백이 모자라면 접착식 메모지를 이용하거나 공책에 정리할 것. 자신만의 기호를 만들어 볼 것. (궁금한 내용에는 '?', 중요한 내용에는 '!', 서로 반대되는 내용에는 '≠', 결론에는 '∴' 등)

콩나물시루에 물을 부으면 물은 곧 아래로 쏟아지지. 그렇지만 꾸준히 물을 주면 어느새 몰라보게 훌쩍 큰 콩나물을 보게 돼. 우리가 공부하는 것도 이와 비슷하단다. 첫술에 배부르지는 않겠지만 조금씩 자신을 가꿔 보자. 콩나물이 훌쩍 자라듯 너희들의 실력도 어느새 쑥쑥 자랄 거야.

9	좋아하는 과목만 공부하면 안 되나요?		
작성자	호야호야	댓글	4

저는 제가 좋아하는 과목만 공부하고 싶어요. 다른 과목들은 하기 싫어요. 하기 싫은 과목 수업은 그저 졸릴 뿐이라 쉬는 시간만 기다리게 돼요. 좋아하는 과목이 안 든 날은 기분까지 우울해요. 굳이 이렇게 많은 과목을 배울 필요가 있나요? 그냥 하고 싶은 과목만 공부하면 안 되나요?

투덜이 ::: 넌 하고 싶은 것만 하고 사냐? ㅉㅉ

오키도키 ::: 난 아예 좋아하는 과목도 없는데, 부럽삼. ㅠㅠ

눈을깜짝 ::: 좋아하는 과목 있다고 자랑 중? 헐~

고민톡톡 ::: 싫어하는 과목을 좋아지게 만들면 되죠.

문광진 선생님의 답글입니다.

네 고민을 읽으며 중학교 시절 나는 어떤 과목을 좋아했고 어떤 과목을 싫어했는지 생각해 보았단다. 선생님은 첫 수업 시간에 졸았던 과목은 일 년 내내 졸게 된다는 징크스 같은 게 있었어. 중학교 1학년 때 사회 과목이 그랬지. 첫 시간부터 꾸벅꾸벅 졸린 것이 영 예감이 불길하더라고. 아니나 다를까, 그 다음 시간, 또 다음 시간, 그렇게 한 달, 두 달……. 일 년 중 절반 이상을 졸았을 거야. 다른 친구들은 사회 수업이 재미있다는데 나는 졸리기만 하니 짜증이 나더라. 그러다 보니 선생님도 밉고, 심지어 사회 시간이 재미있다고 하는 친구들까지도 싫었어. 당연히 성적도 좋지 않았지. 사회 과목만 없으면 좋겠다는 생각마저 들더라니까.

누구나 이런저런 이유로 유난히 싫은 과목이나 좋아하는 과목이 있을 수 있어. 체육을 못하는 아이들은 체육이 싫고, 수학을 못하는 아이들은 숫자만 봐도 치가 떨리고……. 그런 반면 좋아하는 과목은 수업을 기다리게 되고, 선생님도 마음에 들고, 성적도 잘 나오게 마련이지.

과목에 있어서만 좋고 싫은 감정이 있는 건 아니야. 무엇이 되었든 좋아하는 일도 싫어하는 일도 있을 수 있지. 그러나 좋고 싫은 감정에 따라 행동하는 것이 꼭 현명한 일은 아니란다. 비록 하기 싫은 일이라도 내게 유익하단 걸 알면 애를 써서라도 해야 하고, 좋아하는 일이라도 그것이 내게 해가 된다면 자제하려고 노력해야 해. 싫은 것도 즐겁게 만드는 요술봉이 있다면 얼마나 좋을까? 하하. 그런 요술봉은 아니지만, 선생님이 몇 가지 방법을 제안해 볼게.

우선, 네가 좋아하는 과목과 싫어하는 과목이 생긴 이유를 곰곰이 생각해 보렴. 원인을 알아야 문제를 해결할 수 있으니 말이야. 다음으로, 그 과목을 공부해야 하는 이유를 찾아봐. 주변의 어른, 선생님, 친구, 인터넷 검색 등 어떤 것을 이용해도 좋아. 마지막으로 공부 방법과 관련된 책을 찾아 읽으면서 너에게 맞는 공부 비법을 만들어 보렴.

선생님은 어른이 되어서야 사회 과목이 싫었던 이유를 깨달았단다. 그건 스스로 사회가 어렵고 재미없다고 믿었기 때문이지. 난 싫은 과목은 더 싫어지도록 행동하고 주문을 외웠던 거야. 사회 과목이 왜 싫은지 생각해 보고, 왜 그 과목을 공부해야 하는지 고민해 보았다면 재미있게 공부할 수 있었을 텐데 그러질 못했지. 다양한 과목들을 중학교 시절처럼 두루 공부할 기회는 다시 오지 않는데, 얼마나 후회스러운지…….

부디 너는 나처럼 후회하는 일이 없길 바랄게. 선생님은 이미 중학교 시절이 다 지나가 버렸지만, 너는 아직 기회가 많이 있잖아! 호야호야, 파이팅!

난 영어를
좋아한다~
글로벌한 인재가
될 거다~ 중얼 중얼~
English
Hello!

저도 졸업식 때 상장 하나는 받고 싶어요.

작성자	컴박사	댓글	3

저는 초등학교 때부터 개근상 말고는 받아 본 상이 없어요. 비록 제가 공부하고는 담을 쌓고 살아도 '컴퓨터' 하나만큼은 우리 반에서 제일 잘할 자신이 있는데, 평균 점수가 안 좋으면 다 소용 없는 건가요? 저도 앞에 나가 멋있게 상장 하나 받고 싶거든요~

 **근성이** ::: 그냥 개근성으로 학교 나가서 개근상이나 타.

 **밥심만세** ::: 그럼 내가 상 줄게. 옜다, 밥상.

팔방미인 ::: 어라? 난 평균 점수가 좋아도 상을 못 받는데?

김용락 선생님의 답글입니다.

졸업식이 끝난 후에 있었던 일입니다. 학부모 한 분이 교무실에 올라와 담임 선생님께 큰소리를 내면서 뭔가를 따지고 있었어요. 나도 3학년 담임인지라 관심을 가지고 들어 봤지요.

"우리 창식이는 성적이 상위권인데 학업 우수상을 못 받고, 하위권에 있는 연희가 학업 우수상을 받았다는데 이럴 수 있는 겁니까?"

네, 그럴 수 있습니다. 물론 그 학부모님이 화가 난 것도 이해는 됩니다. 중학교에는 공부를 잘한 학생들에게 학기 말이나 학년 말, 또는 졸업식 날 주는 상이 있어요. 학교마다 이름이 조금씩 다르기는 하지만, 대개는 '우등상', '학업 우수상', '교과 발달 우수상' 등으로 부르죠. 옛날에는 대부분의 학교에서 전 과목 평균이 90점 이상인 학생들에게만 이 상을 주었습니다. 이 상을 받는 학생들은 대부분 좋은 상급 학교에 갈 수 있었지요. 그래서 어른들은 우등상을 받은 학생이라면 당연히 평균이 좋으리라 생각하는 것입니다.

그런데 요즘은 전 과목 평균을 기준으로 우등상을 주지 않아요. 생활기록부에 전체 석차가 아닌 과목별 석차를 기록하면서부터 과목별 점수를 가지고 상을 주지요. 우리 학교의 경우는 '학기 말 해당 교과 성적이 상위 5% 이내인 자'에게 이 상을 주도록 기준을 정하고 있습니다.

창식이 아버님이 이러한 기준을 아셨다면, 위와 같은 사건은 별어지지 않았을 거예요. 창식이는 전 과목에서 고루 상위 점수를 얻었지만 상위 5% 이내에 해당하는 과목이 하나도 없었고, 연희는 대부분의 과목에서 중하위 점수를 얻었지만 한두 과목에서 탁월한 점수를 얻었지요.

전 과목 성적이 다 우수하다면 얼마나 좋겠습니까? 그러나 평균 성적은 좋지만 한두 과목을 어려워하는 학생도 있고, 전체적으로는 형편없는 성적이지만 한두 과목에 탁월한 학생도 있습니다. 이런 학생들은 자기가 좋아하는 과목을 효과적으로 공부할 필요가 있습니다.

중학교는 초등학교와 달리 교과목별로 담당 선생님이 다릅니다. 수업 시간마다 다른 선생님을 만나다 보면 좋아하는 선생님이 한두 분은 생길 겁니다. 좋아하는 선생님의 과목은 아무래도 더 열심히 공부하게 되겠지요? 그렇게 열심히 공부하다 보면 당연히 성적도 올라갈 거고 말이에요.

또한 중학교에서는 실장, 부실장 외에 교과부장을 두는 경우가 많습니다. 교과부장은 주로 수행 평가 과제물을 거두어 오거나 특별실 이동 수업을 알리는 역할을 맡기 때문에, 자연스럽게 그 과목을 담당한 선생님과 접할 기회가 많지요. 관심이 많은 교과의 부장이 되어 그 과목 선생님과 친해지는 것도 좋겠습니다. 그렇게 열심히 노력하다 보면 친구들의 부러움 속에서 우등상을 받는 영광도 누릴 수 있을 거예요.

"Doing everything is doing nothing"이라는 말이 있습니다. 모든 걸 잘하는 것은 아무것도 못하는 것과 마찬가지라는 뜻이지요. 앞으로 우리 사회에 필요한 사람도, 모든 걸 잘하는 게 아니라 누구보다 잘할 수 있는 특기를 가진 컴박사 같은 친구가 아닐까요?

다섯

친구

1	친구를 사귀고 싶은데 어떻게 해야 할지 모르겠어요.		
작성자	소심공주	댓글	3

친구를 사귀는 게 너무 어려워요. 주변 친구들은 서로 잘 어울리면서 즐겁게 학교생활을 하는데 왜 저만 이렇게 외로운 걸까요? 새 학기가 될 때마다 울렁증이 도져요. 어떻게 하면 좋은 친구를 사귈 수 있나요? 저도 좋은 친구 돼 주고 싶은데. ㅠㅠ

공부나해 ::: 대학 가면 좋은 친구 사귈 수 있어. 웬 걱정?

짱쉬워 ::: 맛있는 걸 많이 사 줘 봐. 친구 하자고 줄을 설걸.

친구최고 ::: 친구는 정말 좋은 것이여~ 친구가 최고야!

김영미 선생님의 답글입니다.

선생님은 학창 시절에 말이 많지 않은 조용한 성격이었어. 누가 먼저 말을 걸지 않으면 상대방에게 다가가지 못했지. 그래서 쉬는 시간이나 점심시간에 친구들과 함께 어울려 놀기보다는 혼자 조용히 책을 읽곤 했어. 그러다 보니 친구들이 선생님에게 쉽게 다가오지 못하더구나. 짝꿍이나 주변 친구들과 별문제 없이 잘 지내기는 했지만 정작 내 마음을 털어놓을 수 있는 진정한 친구는 없었던 거야.

처음에는 진정한 친구가 없다는 것에 별 고민이 없었지만 시간이 흐르다 보니 조금씩 외롭더라. 엄마에게 이런 고민을 말씀드렸더니 학창 시절에 가장 중요한 것은 공부고 친구들을 많이 사귀면 성적이 떨어질 수도 있으니 그냥 공부에 전념하라고 하시더라. 처음에는 그 말씀에 수긍을 했지만 시간이 흐를수록 친구를 사귄다고 해서 꼭 성적이 떨어질 이유는 없을 것이라는 생각이 들었어. 그래서 좋은 친구를 사귀려고 선생님 나름대로 노력을 했단다.

친구라는 존재는 인생의 모든 시기에 다 중요하겠지만 청소년기에는 더욱 특별하다고 할 수 있어. 청소년기는 기쁜 일, 슬픈 일, 고민거리뿐 아니라 아주 사소한 일들까지도 친구와 함께 나눌 수 있는 시기니까. 때로는 경쟁자로서, 때로는 정보 제공자로서, 때로는 상담자이자 조언자로서 다양한 역할을 할 수 있는 또래 친구가 필요한 거야. 물론 소심공주 너 역시도 네 친구들에게 이런 역할을 해 줄 수 있어야 하겠지?

좋은 친구를 만나고 또 좋은 친구가 된다는 것은 쉬운 일이 아니야. 그것은 너뿐만 아니라 다른 친구들의 고민이기도 하지. 서로 다른 사람끼리 만나서 마음을 털어놓을 수 있는 진정한 관계를 맺는 것이 어찌 쉬운 일일 수 있겠니?

그렇다면 좋은 친구를 사귀기 위해 어떤 일을 할 수 있을까? 우선 친구를 사귀고 싶다고 생각만 하거나 친구들이 너에게 다가오기를 기다리기만 할 것이 아니라 네가 먼저 다가가는 것이 중요해. 마음을 터놓을 수 있는 진정한 친구가 필요하다면 너의 마음부터 솔직히 보여줄 수 있어야 하거든. 그러니까 네가 먼저 친구들에게 다가가서 힘든 부분을 함께 나눠 보렴. 친하게 지내고 싶은 친구에게 네가 지금 느끼고 있는 생각이나 감정을 표현해 봐.

처음에는 힘들게 느껴질 수 있어. 하지만 하나하나 마음먹은 것을 실천해 나간다면 분명 좋은 친구를 사귈 수 있을 거야. 우선은 작은 부분에서 친구들과 대화를 나눠 봐. 친구가 귀여운 캐릭터가 그려진 양말을 신고 왔으면, "양말 정말 귀엽다"라고 말을 할 수 있겠지? 또 친구가 평상시보다 학교에 늦게 도착했다면, "오늘은 왜 늦었어? 안 와서 기다렸잖아"라고 말할 수 있을 테고.

이렇게 네가 먼저 인사하고, 대화를 유도하고, 칭찬하고, 부탁을 들어주고, 때로는 먼저 부탁도 해 보는 거야. 그렇게 점점 범위를 넓혀 가다 보면 어느새 친구가 되어 있을걸.

어쩌면 이런 노력들이 귀찮거나 어렵게 느껴질 수도 있어. 하지만 진정한 우정은 저절로 만들어지는 것이 아니라 오래도록 마음을 나누면서, 그리고 노력해서 얻을 수 있는 것이란다. “친구가 되려는 마음을 갖는 것은 간단하지만, 우정을 이루기까지는 많은 시간이 걸린다”라는 격언을 기억하면서 좋은 친구를 사귀려고 노력해 보렴. 자, 지금 당장!

2 어울리고 싶은 친구에게 이미 다른 그룹이 있어요.

작성자	느림보	댓글	3

새 학년이 되었어요. 올해는 같은 반에 아는 친구들이 없어서 관찰만 하며 일주일을 어영부영 보냈죠. 친해지고 싶은 친구를 발견했는데, 그 친구는 점심시간이나 체육 시간에 다른 친구들과 함께 있어요. 뒤늦게 그 친구에게 다가가면 그 그룹의 다른 아이들이 저를 경계하는 눈빛으로 봐요.

 **가자미** ::: 너도 경계하는 눈빛으로 같이 째려봐.

나폴레옹 ::: 용기 있는 자만이 친구를 얻을 수 있다.

 **나무늘보** ::: 우리 학교로 전학 와. 나랑 같이 밥 먹자!

윤애경 선생님의 답글입니다.

너를 보니 새 학년이 되는 3월이면 내성적인 성격 때문에 항상 긴장하곤 하던 선생님의 중학교 시절이 떠오르는구나. 원래 친구를 신중하게 사귀는 편인 데다가 안 웃고 가만히 앉아 있으면 쌀쌀맞아 보이는 인상 탓에 3월 한 달은 학교에서 몇 마디 말도 못하고 지냈거든. 나중에야 친해진 한 친구는 나더러 벙어리인 줄 알았다지 뭐야.

친구를 사귀면서도 곤란하고 어색한 일이 많았어. 나랑 친해지고 싶어 마음을 먼저 연 친구가 화장실에 같이 가자고 할 때, "난 지금 안 가고 싶은데……" 하며 거절해 버린 일도 있어. 여학생들은 화장실 같이 가는 친구를 제일 친한 친구라고 생각하잖니. 영화에서도 보면 비밀 이야기는 다 화장실에서 이루어지고 말이야. 그런데 눈치 없는 선생님은 용건도 없는데 굳이 왜 화장실을 함께 가야 할까 오히려 의아해했단다. 그랬으니 선생님과 좀 더 친해지고 싶어 다가왔던 친구는 내가 자기를 거절하는 줄 알고 얼마나 당황했겠니.

이렇듯 사람들이 처음 만나 친해지는 과정에는 항상 어색함과 약간의 오해가 따르기 마련이란다. 잘 생각해 보면 지금 곁에 있는 친구와도 처음부터 친하지는 않았을 거야. 그런데 미처 친해지려고 해 보기도 전에 그 친구에게 그룹이 생겨 네가 끼어들 자리가 없다니 참 곤란한 일이구나. 예전부터 알던 사이가 아니라면 대부분 새 학기가 시작하고 금세 같이 다닐 친구들이 정해지니 말이야. 게다가 이미 형성된 그룹에 끼어들려고 하면 다른 친구들의 눈총도 만만치 않을 테고.

그러나 친구를 사귀려면 용기가 필요하단다. 다른 친구들의 눈총이 두렵더라도 용기를 내어 그 친구에게 말을 걸어 보렴. 그 친구도 관심이 있다면 분명히 너를 향해 손을 내밀 거야. 그리고 설령 그 친구가 지금 당장 너의 마음을 알아주지 않는다 하더라도 너무 걱정하지 마. 소풍도 있고, 수련회도 있고, 짝이 될 수도 있고, 기회는 많으니까 말이지.

그래도 정 고민이라면 담임 선생님과 조용히 상담해 보는 게 어떨까? 진지하게 너의 고민을 털어놓는다면 선생님께서도 다른 친구들이 눈치채지 못하게 학급 행사 등에서 그 친구와 자연스럽게 어울릴 수 있는 기회를 만들어 주실 거야. 이때 중요한 것은 그 친구와 같은 그룹에 속해 있는 친구들을 존중하는 거란다. 독차지하려고 욕심부리지 말고 말이야. 그 친구들도 무언가 마음이 통하기 때문에 서로 어울리는 것 아니겠니? 그러니 그들을 이해하려는 마음가짐이 필요하겠지.

진실한 마음은 통하는 법이란다. 선생님은 오해가 있었던 그 친구와 아직도 연락하며 지내. 지금은 웃으면서 화장실 사건을 이야기하기도 하지. 비 온 뒤에 땅이 굳어진다고, 쉽게 친해진 친구들보다는 갈등이 있었던 친구들과 더 오래 만나게 되더라. 조급하게 생각하지 말고 천천히 다가가 봐.

그리고 한 가지 더! 스스로를 잘 가꿔 보렴. 혼자 있는 시간의 즐거움을 누리지 못하는 사람은 다른 사람과 함께하는 시간의 가치도 알기 어렵단다. 가지가 풍성하고 큰 나무 그늘에 많은 사람들이 쉬어 가려고 모여드는 것처럼, 향기 있는 꽃에 벌과 나비가 저절로 날아드는 것처럼, 조용히 스스로의 내면을 가꾸어 나가다 보면 어느 순간 너의 주위에 많은 친구들이 모여 있을 거야.

혹시 저, 왕따인가요?

작성자	고민소녀	댓글	3

우리 반 여자애들 몇 명이 나를 괴롭혀요. 내가 싫어하는 별명을 부르고, 내가 듣는 걸 뻔히 알면서도 내 욕을 해요. 다른 친구들에게 나랑 어울리지 말라고 경고를 하기도 해요. 학교 가기가 싫어요. 내가 왕따가 된 건가요? ㅠㅠ

은따 ::: 우리 세계로 들어온 걸 환영해.

엄친딸 ::: 애들은 날 질투해. 난 가볍게 무시할 뿐이고.

파이팅맨 ::: 네가 잘못한 게 없다면 걔들이 잘못하는 거야.

배성희 선생님의 답글입니다.

먼저 네 용기에 박수를 보내고 싶다. 이런 상황 자체를 인정하기가, 그리고 이야기를 꺼내기가 참 어려웠을 텐데 말이야.

인터넷에서 잠깐만 검색해도 알 수 있듯이 왕따 문제는 비단 학생들만의 고민거리가 아니란다. 군대에서도, 대학교에서도, 심지어 직장에서도 누구든 '내가 왕따가 되지 않을까', '내가 왕따인데 혹시 나만 모르고 있는 건 아닐까' 고민한다고 하더구나. 그러니 왕따 현상은 우리 모두의 문제인 셈이지.

자, 이런 일이 나에게 일어났을 때 어떻게 해야 할까? 네가 제일 먼저 해야 할 일은 '반응'을 보이는 거야. 왕따를 당하는 친구들은 보통 말 한마디 못하고 끙끙 앓는 경우가 많아. 반응을 보이면 더 괴롭힐 것 같다거나 물어봐도 어차피 그 아이들이 무시할 것이기 때문이래. 너도 그렇게 생각하니?

선생님은 그럼에도 불구하고 네가 어떠한 반응이든 보여야 한다고 생각해. 누군가 네가 원하지 않는 행동을 했을 때, 그 아이들의 눈을 똑바로 보면서 낮고 부드럽지만 강한 어조로 싫다고 말하는 거야. 어쩌면 그 애들이 네 말을 무시하고 웃으면서 더 괴롭힐 수도 있어. 그렇더라도 네 의사를 분명하게 밝히는 것은 매우 중요하단다. 네가 무기력한 아이가 아니라는 것을 상대방도 알게 해야 해.

두 번째 행동 요령! 되도록 그 아이들과 마주칠 상황을 만들지 않는 거야. 그리고 아이들이 적은 곳보다는 많은 곳에 있자. 선생님이 계신 시간에는 선생님 근처에 있고, 학교 밖에서는 되도록 혼자 다니지 말도록 해.

세 번째, 너를 도와줄 사람을 찾아봐. 반에서 너에게 호의적인 친구를 찾아 친해지도록 노력해 보자. 그 친구와 친해지면 네 문제를 해결할 방법을 함께 고민할 수도 있고, 네가 모르는 너의 문제점을 발견할 수도 있고, 그 친구와 친한 다른 친구들과 가까워질 기회가 생길 수도 있으니까.

너를 도와줄 어른으로는 누가 있을까? 먼저, 학교에 계신 선생님 중에 도와줄 수 있는 분을 찾아보렴. 선생님과 상담을 할 때는 다른 아이들 모르게 조용히 방과 후에 하는 게 좋겠지? 너무 전전긍긍하지 말고 선생님께만은 속 시원히 고민을 털어놓아 보렴. 인터넷 사이트를 방문해 보는 것도 괜찮은 방법이야. 그곳에서 친구들과 잘 어울리는 방법을 배우고 연습할 수도 있거든.

마지막으로 다른 친구의 입장이 되어 스스로를 반성해 봐. 너의 말이나 습관에 이상한 점은 없는지, 아이들을 대하는 태도에 문제는 없는지 말이야. 너도 모르는 사이에 친구들을 무시하지는 않았는지, 너보다 못한 친구를 깔보지는 않았는지 생각해 보는 거야. 만약 너에게도 문제가 있었다면, 잘못을 인정하고 사과하도록 하자. 먼저 친구들에게 다가가는 거지. 처음에는 너의 그런 행동이 아이들에게 위선으로 비칠 수 있어. 그러나 진실하게 친구들을 대하고 꾸준히 노력하면 언젠가는 통하는 때가 올 거야.

많이 지쳐 있을 고민소녀야! 너는 지구에서 단 하나뿐인 예쁜 아이란다. 너는 너의 얼굴, 생각, 성격 등 지금 있는 그대로 충분히 사랑받을 가치가 있는 존재야. 그런 너를 가장 많이 사랑해야 하는 사람은 누굴까? 바로 너 자신이야. 곰곰이 생각해 봐. 네가 얼마나 사랑스러운지, 네가 얼마나 많은 장점을 갖고 있는지를……. 그리고 너를 도와줄 많은 사람들과 함께 이 문제를 해결해 보는 거야. 선생님은 네가 부르면 언제라도 달려갈 준비를 하고 있을게!

미안하다고 말하는 건 너무 어려워요.

작성자	완전소심녀	댓글	3

중학교에 입학해서 처음으로 친한 친구가 생겼어요. 그런데 사소한 말다툼 뒤에 오해가 자꾸 커져서 이제는 말도 하지 않고 지내요. 속마음은 그게 아닌데, 그 애만 보면 눈을 피하게 되고……. 사과할까 하다가도 자존심이 상하고…….

등수놀이 ::: 오홋. 나랑 같네. 용기 없는 女. ㅋㅋ

천년뒤끝 ::: 난 한 번 삐치면 천 년 가.

사과최고 ::: 자존심 버리고 먼저 사과해.

류재욱 선생님의 답글입니다.

중학교 때였나, 내가 짝꿍과 청소 당번이 되었을 때야. 암만 봐도 이 녀석이 청소를 잘 안 하는 거야. 그래서 참다 참다 한마디 했어. "야, 청소 좀 해!" 사실 별 뜻 없이 툭 던진 말인데, 그다음 친구 말이 가관이었어.

"넌 얼마나 깨끗해서 그래? 평생 청소나 해라! 쳇!"

그 말을 듣고 어찌나 서운하던지! 그래서 다시는 그 친구와 말도 안 하고 친구 있는 쪽은 쳐다보지도 않겠다고 마음먹었지. 그런데 시간이 지나면서 조금씩 미안하기도 하고 다시 친하게 지내고 싶기도 하더군. 친구도 나와 마찬가지인 눈치였어. 근데 이게 말이지 먼저 말 꺼내기도 뭐하고, 친구들에게 부탁하기도 어렵더라고. 사과를 하고 싶은데 도대체 방법을 알 수가 없는 거야. 그때 내 마음은 "뭡니까~ 이게. 어떻게 합니까~" 이거였어. ㅋㅋ

네가 보기에도 정말 별것 아니지? 아무나 먼저 "사실 속마음은 그런 게 아니었어. 미안했다"라고 얘기하면 되는데 말이야. 대부분의 다툼은 조금 물러나서 바라보면 아무것도 아닐 때가 많아. 그렇다면 자기와 관련된 일을 제3자의 입장에서 볼 수는 없는 걸까? 자기와 관계되지 않은 일이라고 가정하고 어떻게 하는 게 좋을지 생각해 보면 오히려 문제가 쉽게 풀리기도 하거든.

다툼이 있을 때 먼저 말을 꺼내지 못하는 건 친구가 아니라 자기 자신 때문이야. 먼저 말을 꺼내면 왠지 내 잘못이 될 것 같다는 생각, 자존심이 상한다는 생각, 그런 생각들 때문에 말을 못하는 거지. 이럴 때 상황을 제3자의 입장에서 한번 바라봐.

그다음엔 혼자 고민하지 말고 주변 사람에게 도움을 청해. 미안하다는 말은 다른 사람을 통해 전할 때 더 힘이 생기기도 하거든. 말이 어렵다면 쪽지나 이메일을 보내도 좋아. 샘은 사과할 때 주로 책을 선물해. 책 사이에 쪽지를 넣어서 말이야.

비 온 뒤에 땅이 굳어진다는 말 들어 봤지? 매일 날씨가 맑다면 언젠가 그 지역은 모두 사막이 되고 말 거야. 비도 오고 눈도 오고 바람도 불어야 살기 좋은 곳이 되겠지. 그처럼 친구와 다투는 건 지극히 자연스러운 일이야. 서로 사과하고 이해하면서 더 큰 관계를 만들어 가는 게 중요하다는 사실을 기억하렴.

첨부 파일

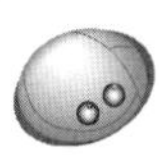

상대방의 마음을 풀어 주며 사과하는 방법

1. 사과는 반드시 얼굴을 마주 보면서 하라.
2. 상대방 기분에 철저히 맞춰라.
3. 사과보다 상대방의 말을 먼저 들어라.
4. 사과는 타이밍이다. 적절한 시점에 사과하라.
5. 자신이 무엇을 잘못했는지 확실하게 깨닫고 사과하라.
6. 만나기 힘들다면 사과의 편지를 써라.
7. 여러 번 사과하지 말고 진실하게 한 번 사과하라.
8. 자녀는 부모에게 진심으로 사과하라.
9. 부모도 잘못을 하면 자녀에게 사과하라.
10. 지는 것이 이기는 것이다. 이기기 위해 사과하라.

5	우리 사랑하게 해 주세요!		
작성자	성춘향	**댓글**	4

저에게 사랑하는 사람이 생겼어요. 그런데 부모님은 학생이 무슨 사랑 타령이냐며 꾸중만 하세요. 며칠 전엔 그 아이와 손을 잡고 집에 가다 선생님께 들켜 엄청 혼났답니다. 방해하는 사람이 많을수록 제 사랑이 더욱 깊어진다는 사실을 어른들은 왜 모르는 거죠? 우리! 그냥 사랑하게 해 주세요~!!

 **왕비호** ::: 성춘향? 그럼 남친은 이몽룡이냐? ㅋㅋ

 **삐딱이** ::: 사랑? 너 순정 만화 너무 많이 봤구나~

 **러브모드** ::: 그래그래! 로미오랑 줄리엣도 열셋, 열넷이었단다!

 **솔로부대** ::: 나도 사랑 때문에 좀 괴로워 봤으면 좋겠네. ㅠㅠ

박소연 선생님의 답글입니다.

선생님에게는 아직도 어제 일처럼 생생한 추억이 하나 있단다. 초등학교 6학년이 되던 첫날, 새로운 교실에 발을 내딛는 순간 숨이 멎었던 그 기억! 내 머릿속을 새하얗게 만들어 버린 나의 첫사랑! 그 아이에 대한 나의 열렬한 사랑은 그렇게 시작되었단다. 지금까지 소중하게 간직하고 있는 내 일기장에는 그 아이의 말과 행동에 하루 종일 설레던 그때의 뜨거운 마음이 시와 노래가 되어 남아 있지. 선생님은 용기가 없어 고백도 못하고 가슴앓이만 계속하다 중학교에 진학했는데, 이렇게 춘향이의 예쁜 사랑 이야기를 들으니 설레는 그 마음이 부럽기만 하구나.

지금 춘향이에게 세상은 온통 화사하고 예쁜 분홍빛일 테지? 아마 어른들의 걱정조차도 춘향이의 사랑을 꺾을 수는 없을 거야. 선생님에게도 반짝거리던 사랑의 순간이 있었고 지금 네가 느끼는 감정을 똑같이 느껴 봤기에 네 마음을 잘 알겠어. 그렇지만 춘향아. 어른들의 걱정이 때로는 지나칠 수도 있지만, 그건 어디까지나 너를 생각하는 마음 때문이라는 걸 이해했으면 해.

이미 사랑을 경험하고 자신의 인생에 대해 진지하게 고민하는 춘향이는 많은 꿈을 가지고 있겠지? 그 꿈을 위해 해 나갈 일들이 많을 테고 말이야. 부모님이나 선생님께서 춘향이의 사랑을 걱정하는 것은, 꿈을 이루기 위해서 거쳐야 할 많은 과정들을 춘향이가 행여 놓치지 않을까 하는 마음에서야. 지나치게 뜨거워진 그릇은 깨지기 쉽잖아. 네가 만들어 가야 할 인생이라는 큰 그릇이 사랑이라는 뜨거운 감정 때문에 깨질까 봐 두려우신 거지.

〈로미오와 줄리엣〉 잘 알지? 가문의 반대 때문에 죽음을 선택할 수밖에 없었던 비극적 사랑 이야기 말이야. 그런데 당시 로미오와 줄리엣의 나이가 지금의 네 또래였다는 걸 알고 있니? 만약에 그때 로미오와 줄리엣이 죽지 않고 살아 계속 사랑했다면 어떻게 되었을까? 물론 아름다운 미래가 그들을 기다리고 있었을지도 모르지. 하지만 나이를 먹는 동안 더 넓은 세상이 각자를 기다리고 있다는 사실을 깨닫게 되었을지도 몰라. 어쩌면 또 다른 삶의 목표와 또 다른 사랑을 만나게 되었을지도 모르고.

선생님은 지금 너에게 사랑하지 말라는 게 아니란다. 지금의 사랑을 확신하는 만큼 더 많은 노력이 필요하다는 얘기를 하고 싶은 거야. 10대는 꽃봉오리와 같아서 온갖 나비와 벌들이 너를 찾아온단다. 아름다운 꽃을 피우기 위해서는 좋은 영양분과 밝은 햇살을 듬뿍 받아야만 해. 만약 지금 이 순간을 소홀히 여긴다면 너의 꽃봉오리는 제대로 꽃을 피워 보지도 못한 채 시들고 말 거야. 꿈도 사랑도 스스로를 소중히 여기는 마음에서 시작된다는 사실을 잊지 않는다면, 모두가 너의 사랑을 존중할 거야.

5년 뒤… 어쩌면…
괜찮아요, 로미오~ 저도 옆집에 이사 온 세바스찬이 더 좋아졌어요~
미안, 줄리엣~ 가업을 잇기 위해 유학을 가야 겠소~

모르는 누나가 편지를 줬어요. 기분이 이상해요.

작성자	훈남	댓글	3

누나가 저에게 사귀자는 편지를 보내왔어요. 저도 사실 그 누나가 마음에 들긴 한데요, 한 살 많은 누나를 이성으로 사귀어도 될까요? 이성 친구 사귀는 걸 부모님은 반대하실 텐데, 이를 어쩌죠? 그리고 연애편지 잘 쓰는 법도 가르쳐 주심 안 될까요?

 **훈훈남** ::: 니가 훈남이면 난 훈훈남이다.

 **부럽삼** ::: 이미 사귀기로 작정한 것 같은데…….ㅋㅋ

 **연상좋아** ::: 한 살 차이는 아무것도 아냐. 우리 엄마는 6살 연상!

김영찬 선생님의 답글입니다.

동갑내기 이성 친구도 아니고 1년 선배 누나가 대시를 했다니 고민이 될 만하구나. 더구나 부모님은 이성 교제를 반대하시니 더 그렇겠어. 사실 예전과 달리 요즘에는 이성 교제에 대한 눈초리가 많이 따갑지 않고, 남녀공학이 많아서 자연스럽게 이성 친구를 사귀기도 하지. 중학생이면 이성에 대한 관심이 많아질 나이이기도 하고. ^^

청소년기에 이성에 대해 관심을 갖는 것은 당연해. 또 다른 나를 찾아 떠나는 모험이라고나 할까? 그런데 여자 선배이니 부담스럽기도 하지?

선생님 같으면 그 선배에게 답장을 보낼 거야. 솔직한 심정을 적는 거지. 너의 부담스러운 마음과 고민도 함께 적어서 말이야. 그리고 너무 서두르지 않는 것이 좋겠어. 좋아하는 감정은 두고두고 삭이고 달일 때 더 소중해지는 법이거든. 사랑이라는 감정이 한약은 아니지만 그만큼 정성이 필요하다는 말이지.

그리고 어른들은 이성과의 사귐 때문에 혹시나 네가 상처를 받을까 염려하시는 거야. 사랑은 소중한 만큼 쉽게 깨지기도 하는데 그 상처가 많이 아프다는 걸 어른들은 경험을 통해 알거든. 공부나 미래를 위한 준비에 네가 자칫 소홀해지면 어쩌나 하는 걱정도 있으실 거야. 건전하지 못한 쪽으로 흘러가면 어쩌나 하는 불안함도 있으실 테고.

그래서 하는 말인데, 우선 누나와 서로 도움이 되는 사이가 되어야 해. 공부할 때도 그렇고 취미 활동을 할 때도 그렇고 서로가 서로에게 힘을 주는 사이가 되어야지. 그러기 위해서는 많은 노력이 필요할 거야. 소중한 만큼 상대를 위해 참아 내는 법을 배워 봐. 그러는 가운데 자신이 부쩍 크고 있다는 걸 느낄 거야.

그리고 연애편지 잘 쓰는 법을 물었지? 좋은 편지는 자신의 진실한 마음이 담긴 편지란다. 다른 사람의 마음을 움직일 수 있는 가장 큰 힘은 진실이거든. 너무 꾸미지 않은, 솔직하면서도 순수한 표현이 연애편지의 생명이지. 그리고 책을 많이 읽어 봐. 그러다 좋은 구절이 있다면 그걸 편지에 적어도 좋아. "시인은 마음을 이렇게도 표현했구나!"라고 감탄하기도 하고 "세상에! 시가 이렇게 아름답다니!" 하는 생각도 들 거야.

너에게 도움이 될 만한 비법을 전수해 주마. 선생님이 옛날에 썼던 연애편지를 보여 줄 테니 잘 활용해 보렴. 힘내!

첨부 파일

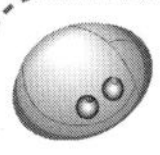

선생님의 연애편지

희에게

월요일의 짧은 만남 이후 지금은 수요일 밤. 이 틀간의 이별이 꽤나 길게 느껴지는 이유는 아마도 그리움 때문일 것입니다. 나의 재미없는 말에도 밝게 웃어 주고, 늦은 전화에도 밥을 먹었느냐고 물어 주는 그대는 이미 내게 '소중한 사람'입니다.

유치환 님의 〈행복〉이라는 시가 생각납니다.

"사랑하는 것은 사랑을 받느니보다 행복하나니라……. 사랑하였으므로 나는 진정 행복하였네라."

지금은 사랑한다는 말을 전하기보다는 이 소중한 감정을 고이 간직하고 싶습니다. 그 언젠가 더 이상 이 사랑의 감정을 참지 않아도 될 무렵, 그 말들은 이미 서로에게 전해져 있을 것입니다.

주어도 주어도 모자라는 그런 샘물 같은 사랑을 하고 싶습니다. 그대는 그저 그 샘물가에서 항상 있어 주는 이름 모를 들꽃이나, 매일 세수하러 왔다가 물만 마시고 가는 토끼나, 샘물에 실려 흘러가는 나뭇잎이나, 흙 묻은 손을 씻는 아낙네나, 손우물을 만들어 갈증을 푸는 고사리손의 아이처럼…… 그저 그렇게만 있어 주면 됩니다.

두서없이 쓴 글들이 마음을 다 표현하기에 왜 이렇게도 부족한지요?

1992년 9월 16일

김영찬

(이 편지는 선생님이 실제로 연애 시절에 아내에게 보냈던 편지의 일부란다. 결혼한 지 16년이 지났는데도 아내는 이 편지를 간직하고 있더구나. 편지의 위력이 아닌가 한다.)

1. 상대방에 대한 그리움을 절절하게 드러내야 해.

2. 네 마음을 잘 드러낸 시나 명언 등을 인용해 봐.

3. 사랑한다거나 좋아한다는 고백을 까놓고 말할지 신중히 생각해 봐.

4. 긍정적으로 변한 너의 모습이 모두 상대방 덕분이라는 느낌이 들도록 해.

5. 글씨는 정성을 다해 써야 해. 컴퓨터로 쓰는 것보다 친필이 백배는 나아.

6. 필기구는 잉크 느낌이 나는 것을 쓰렴. 잉크가 종이에 스미는 것처럼 사랑이 스며들도록 말이야. ㅋㅋ

여섯
성과 외모
19
도리 도리 ~
꼼지락 꼼지락...

1	키가 안 커요! 아니 점점 줄고 있는 것 같아요!		
작성자	키짧남	댓글	4

도대체 저는 왜 이렇게 키가 자라지 않나요? 자꾸 위축되고 우울해져요. 저보다 큰 아이들을 보면 화가 나서, 모두 저보다 작아져 버렸으면 좋겠어요. 이렇게 작아서 나중에 연애나 할 수 있을까요?

악플이 ::: 아싸 1등, 넌 땅에 붙어 다니는구나.

유머돌이 ::: 어차피 2미터 안 되는 처지인데, 다 똑같지 뭐.

선플이 ::: 아직 충분히 자랄 나이야. 긍정적으로 생각해.

작은고추 ::: 크기는 작지만 난 매워.

강용철 선생님의 답글입니다.

똥자루, 로봇청소기, 앉은키만최홍만, 장롱다리, 앉으나서나 비슷비슷, 다일어섰남?, 땅꼬마, 공기청정기……. 위에 나열된 단어들이 무슨 뜻인지 맞혀 볼래? 모두 선생님이 학창 시절부터 자주 듣던 멋진(?) 별명들이란다. 후……. -.-

얼마 전에는 엘리베이터를 탔는데 뒤에 서 있던 아저씨가 반말로, “야, 6층 좀 눌러 줘라” 이러는 거야. 황당해서 뒤를 보니 그 사람은 선생님의 연륜이 묻어나는 얼굴을 보고 많이 당황하더구나. 선생님의 뒷모습과 작은 키만 보고 학생인 줄 알았겠지. 종종 당하는 일이라 웃고 말았어.

선생님은 키가 자라지 않는 네 마음을 누구보다 잘 알 것 같다. 신체검사 때 불러 주는 네 키가 마치 스피커에서 나오듯 크게 들리지 않았니? 혹 다른 친구들이 듣고 놀리는 것 같아 부끄럽고 기분 나쁘진 않았니? 학교에서 늘 키로 1번을 놓치지 않았던 선생님도 항상 그랬거든.

우리 주변에는 키가 작아서 고민하는 친구들이 정말 많단다. 인터넷 검색창에 ‘키가 작아서 고민’이라고 치기만 해도 수천 명의 학생들이 올린 고민을 볼 수 있을 거야.

작은 키에 대해 매일 불평만 해 왔으니, 오늘은 키가 작아서 좋은 점을 꼽아 보자. 좋은 점이 없을 것 같다고? 과연 그럴까? 길을 가다가 장애물이나 간판에 머리를 부딪히지 않아서 좋고, 다른 친구들보다 땅에 떨어진 돈을 쉽고 빠르게 집을 수 있어 좋고, 선생님에게 단체로 혼날 때 키 큰 친구 뒤에 숨을 수 있어서 좋고, 옷을 다림질해도 시간이 적게 들어서 좋고……. 어때, 수도 없이 많지?

선생님은 네가 좀 더 긍정적인 생각을 갖고 자신 있게 행동하면 좋겠어. 그리고 전문가들이 추천한 다음 방법을 하나씩 실천해 봤으면 해. 먼저 적절한 운동을 계속할 것. 운동은 골격과 근력 및 체력을 발달시켜 주거든. 또 성장에 도움이 되는 좋은 영양분을 잘 섭취할 것. 이때 인스턴트식품보다는 유제품과 칼슘류를 많이 먹어야 해. 마지막으로 공부하느라 지친 몸과 마음을 적당한 휴식과 잠으로 재충전할 것. 성장호르몬은 자는 동안 많이 분비되거든.

하지만 무엇보다도 중요한 것은, 키가 클 수 있다고 믿는 긍정적인 마음이야. 아직 시간이 많은데 벌써부터 키 때문에 스트레스를 팍팍 받고 있는 것은 아닌지 되돌아보자. 그리고 설령 키가 많이 크지 않는다 해도 상심할 필요는 없어. 세상에는 키보다 마음이 더 큰 사람들이 많으니까. 선생님의 경우도 이미 키가 다 컸지만 당당하고 씩씩하게 살고 있단다.

재미있는 이야기 하나 들려줄까? 어느 전쟁터에서 적군이 나폴레옹을 놀렸다고 해. "야, 나폴레옹, 너는 땅바닥에 붙어 다니니?

그래 가지고 전쟁이나 제대로 할 수 있겠어?" 그러자 나폴레옹은 이렇게 대답했다지. "난 땅으로부터의 길이는 너보다 짧지만, 하늘로부터 받는 은총의 길이는 너보다 길다. 덤벼라. 멋지게 이겨 줄 테니!"

자, 이제 마음의 짐을 잠시 벗어던지고 좋은 습관을 가지려 노력해 보자. 강감찬, 전봉준, 링컨, 피카소……. 작은 키로도 역사에 이름을 남긴 멋진 위인들을 떠올리며 마음의 키, 생각의 키를 키우는 너의 모습을 머릿속에 그려 봐. 난 너를 믿어!

머리가 짧으니 스타일이 안 살아요!

작성자	삼손	댓글	4

중학교에 입학한 지 한 달도 안 돼 머리가 불량스럽다며 문제아로 찍혀 버렸어요. 초딩 때는 괜찮았는데 중학생이 되었다고 무조건 안 된다니 억울해요. 머리 좀 긴 게 그렇게도 잘못인가요? 염색은 날라리들이나 하는 거래요. 어떻게 머리 모양만 보고 사람을 판단할 수 있죠?

쑥대머리 ::: 꼭 공부 못하는 것들이 머리에 신경을 쓴다니까. ㅉㅉ

노컷 ::: 난 머리 염색해도 공부 잘하거덩? ㅎㅎ

빡빡머리 ::: 빡빡 밀어. 샴푸 안 쓰고 좋아.

폼생폼사 ::: 그럼 조선 시대 학동들은 모두 문제아였남?

강철오 선생님의 답글입니다.

"머리 신경 쓸 시간에 공부나 좀 하셔."

선생님이 학교 다닐 때 지겹도록 들었던 소리야. 고등학교 졸업한 지 20년도 넘었는데 이 말은 여전히 죽지 않고 살아 있어. 신기하지? 지금 선생님들은 자신이 그토록 듣기 싫어했던 말을 어른이 되어서 똑같이 되풀이하고 있으니 말이야.

떠올리기 싫은 추억 하나가 있구나. 너 혹시 바리캉이 뭔지 아니? 빡빡머리를 만들 때 쓰는 이발 기구야. 80년대까지만 해도 학생부 선생님들이 교문을 지키고 서 있다가 머리 긴 학생이 보이면 바로 그 자리에서 머리 한가운데를 바리캉으로 밀어 버렸어. 상상만 해도 우습지? 그걸 우린 '고속도로'라고 불렀단다. 나도 두어 번 '고속도로'를 당한 적이 있는데, 한번은 항의의 표시로 이마에서부터 정수리까지 훤히 밀린 머리를 해 가지고 사나흘쯤 그냥 다녔어. 그랬더니 담임 선생님이 학교 뒤꼍으로 조용히 불러서 아예 머리 전체를 빡빡 밀어 주시더구나. 이발비 아껴 주겠다면서.

한껏 기대를 안고 시작한 중학교 생활인데, 뜻밖의 복병을 만나 얼마나 당황스럽니? 머리 모양 하나로 선생님께 문제아로 낙인찍혔으니 억울하기도 하고 속상하기도 하겠지.

선생님도 머리 문제로 갈등을 겪어 보았기 때문에 네 마음을 누구보다 잘 알겠어. 염색을 하든, 지지고 볶든 그게 남한테 피해 주는 일도 아닌데 왜 간섭하느냐는 거지. 어른들이 내세우는 논리를 아무리 곱씹어 봐도 이해 가지 않는 구석이 있기도 해. '학생답다,

단정하다'는 지극히 주관적인 판단을 가지고 머리 모양을 통제한다는 게 도무지 억지 같거든. 머리 모양으로 사람의 됨됨이를 잴 수는 없잖니.

난 너의 문제 제기가 충분히 일리 있고, 건강한 사고에서 비롯된 거라고 봐. 이런 말이 있어. "문제 많은 세상에 문제없는 사람이 문제 있는 사람이다." 사람은 언제나 문제의식을 지니고 살아야 한다는 거지. 학생들의 머리 모양에 대한 통제가 그나마 과거보다 느슨해진 것도 많은 사람들이 머리 모양을 통제하는 것은 문제라고 계속 이야기했기 때문이야.

내가 걱정하는 건 당장 네가 부딪힐 어려움이야. 선생님들이 학교 규정을 들이대며 무조건 따를 것을 강요하면 거부하기가 쉽지 않거든. 그래서 난 네가 문제를 좀 더 멀리, 좀 더 깊이 바라보고 행동의 방향을 결정하면 좋겠어. 학교 현장의 용의 · 복장 문제는 하도 해묵은 논쟁거리여서 어차피 단번에 해결할 수는 없어. 사람은 웬만해선 자기 생각을 바꾸려 하지 않거든. 특히 나이가 들수록 그런 경향은 강해져.

그렇다고 적당히 타협하면서 살라는 건 아니야. 왜 어른들은 학생다운 머리를 요구하는지, 학생다움의 정체가 무엇이며 그 기준은 과연 타당한지, 나는 왜 머리 모양 통제가 부당하다고 주장하는지 등을 조목조목 따져 보라는 거지.

난 혹시나 네가 머리 문제로 사회나 어른들을 향해 무조건적인 적대감을 가지게 될까 염려스러워. 너와 다른 생각이 많더라도 너무 실망하진 마. 우선 부모님과 이야기를 나눠 봐. 또 주변 친구들 생각도 들어 보고. 선생님들 중에서도 너와 비슷한 생각을 가진 분이 분명 계실 거야. 멋진 머리 모양만큼이나 멋진 삶의 자세를 가진 너를 기대할게.

성형할래요. 어차피 할 거면 일찍 하는 게 좋겠죠?

작성자	피오나공주	댓글	4

거울 속에 비친 내 얼굴. 낮고 펑퍼짐한 코에 울퉁불퉁 여드름까지……. ㅠㅠ 코 수술을 해서 예뻐지면, 나도 인기 있는 사람이 될 거예요. 하지만 학생이 성형수술을 해도 될까요? 돈도 많이 들고, 주위에서 인조 미인이라고 놀릴까 봐 겁도 나요.

댓글

인조인간 ::: 미녀는 태어나는 것이 아니라 만들어지는 것이다.

악플이 ::: 과연 코만 고친다고 될까? ㅋㅋ

전지현 ::: 미안해. 다 나 같은 여자 탓이야. - -;

얼짱의사 ::: 무료로 견적 내 드립니다. 010-xxx-7275

김원영 선생님의 답글입니다.

160센티 작은 키, 양 볼과 이마엔 활화산같이 덕지덕지 붙은 여드름, 쫙 찢어지지는 않았지만 뜬 건지 감은 건지 잘 알 수 없는 소심한 눈을 가진 소년. 그게 나였다. 특히 여드름. 그때 난 여드름과의 싸움을 위해 모든 육식을 거부하고 채식주의자가 될 결심을 할 정도였으니……. 그런 노력에도 불구하고 여드름과의 싸움에서 패배한 나는 거울 보는 게 마치 지옥을 마주하는 기분이었어.

선생님은 네가 성형수술을 통해 자신감을 얻고 다른 사람에게 관심과 사랑도 받을 수 있다면, 성형수술을 해도 좋다고 말해 주고 싶구나.

그런데 성형수술은 외모를 바꾸는 일이기 때문에 매우 신중하게 결정해야 한단다. 왜 그럴까? 몇 가지 사항들을 생각해 보기로 하자.

첫째, 왜 성형수술을 하려고 하지? 선생님은 성형수술의 궁극적인 목적이 결국 행복해지기 위해서라고 생각해. 성형수술은 외모를 가꾸어 행복에 이르는 방법인데, 외모가 과연 행복에 이르는 필요충분조건일까? 우리 삶에서 훌륭한 외모가 행복한 삶에 필요한 것일 수도 있겠지만, 그렇다고 외모만 가지고서 행복한 삶을 살 수는 없지 않겠니?

둘째, 네가 성형수술을 하려고 하는 곳은 어디지? 청소년 성형 중 제일 흔한 것이 쌍꺼풀 수술이래. 얼굴 부위 중 가장 먼저 성장이 완료되는 부위가 눈이기 때문에 만 13세 이후면 쌍꺼풀 수술이

가능하다더라. 반면 코 수술은 만 16세 이후, 얼굴뼈를 다루는 안면 윤곽 성형의 경우 성인이 된 후에 하는 것이 좋대. 그런데 얼굴은 모든 부분이 조화를 이루어야 하기 때문에, 섣불리 한 부분만 먼저 수술을 하기보다는 몸도 마음도 온전히 성장한 상태일 때를 기다리는 것이 좋지 않을까 싶다.

그 밖에 경제적 문제와 심리적 문제도 고려해야 해. 네 나이의 청소년들이 모든 생활을 부모님께 의존하고 있는 현실을 고려할 때, 나중에 어른이 되어 직접 경비를 마련해 수술을 하는 게 스스로에게도 더 떳떳하지 않을까 싶어. 또 수술을 한 후 달라진 외모에 대한 주위의 평가를 긍정적으로 받아들이는 심리적 훈련도 꼭 필요할 것 같구나.

또, 어떤 수술이든 부작용이 있을 수 있어. 성형수술도 마찬가지야. 성형수술의 부작용으로 목숨을 잃는 경우도 있어. 그러니 신중하게 생각하고 결정해야 해.

선생님은 아직도 가끔 거울을 보며 내 작은 눈을 흘겨볼 때 아쉬운 마음이 들기도 한단다. 그러나 쌍꺼풀진 부리부리한 눈보다는 외꺼풀의 날렵한 내 눈에 만족해. 왜냐하면 이 눈이 바로 '나'의 눈이기 때문이지. 내가 나일 수 있게 해 주는 나의 눈.

베이징 올림픽에서 장미란 선수의 몸매가 가장 아름다운 몸매로 뽑혔다는 사실을 아니? 자신의 일에 최선을 다한 몸매가 진정 아름답다는 사실에 많은 사람들이 공감한 게 아닐까 싶다. 성형수술은 너의 선택이지만, 지금의 너도 이미 아름답다는 사실은 꼭 기억하렴.

누가 내 살 좀 떼어 갔으면…….

작성자	통통녀	댓글	3

저는 많이 먹는 것도 아닌데 왜 이렇게 살이 찔까요? 모델처럼 날씬한 내 짝이 부러워요. 남학생들도 짝에게만 관심이 있는 것 같아 질투도 나고……. ㅜㅜ 이렇게 뚱녀로 사느니 전신 성형을 해서라도 〈미녀는 괴로워〉의 주인공처럼 되고 싶어요.

호동이 ::: 먹고 싶은 거 마음껏 먹고 생긴 대로 살아!

태평이 ::: 말라비틀어진 모델이 뭐가 좋아?

당당녀 ::: 통통한 것도 개성이야. 장미란을 봐. 얼마나 예쁘니?

손혜주 선생님의 답글입니다.

와우! 나랑 고민이 같은 친구가 있네! 일단 반가워. 다이어트라면 인터넷 검색창 못지않은 지식의 소유자가 바로 나야. 세상의 다이어트란 다이어트는 안 해 본 게 없거든.

그렇지만 자칭 전문가인 선생님도 다이어트를 권하고 싶지는 않아. 난 이미 성장이 멈춰서 살을 빼도 되지만 넌 아직 성장기잖아. 지금은 골고루 잘 먹어야 할 시기란다. 그리고 청소년기에 찐 살은 성인이 되어 조금만 노력하면 금방 뺄 수 있어.

그래도 살이 찌는 게 싫다고? 그럼 어쩔 수 없지. 성장에 방해가 되지 않는 범위에서 살을 빼는 수밖에. 하지만 그전에 짚고 넘어가야 할 게 있어. 성형만으로 날씬해지는 건 영화에서나 가능한 일이라는 점. 다이어트에는 딱 두 가지 법칙이 있을 뿐이야. 식이요법과 운동. 그것도 꾸준히 할 때만 가능해.

자, 우선 다음 문제를 풀어 볼래?

1. 아침 잘 안 먹지? (○, ×)

2. 밥보다 빵, 과자, 초콜릿 등 단 음식 좋아하지? (○, ×)

3. 집에 가면 제일 먼저 냉장고 문 열지? (○, ×)

4. 별로 먹은 것도 없는데 체중 늘었지? (○, ×)

5. 운동보다 컴퓨터나 TV 앞에 앉아 있기를 더 좋아하지? (○, ×)

어때? 5가지 중 ○가 몇 개야? 4개 넘지? 살이 빠지지 않는 건 바로 그것 때문이야. 자, 이 5가지의 ○를 ×로 바꿔야 해.

【정답 및 오답 노트】

☺ 정답 1. 아침을 꼭 먹는다.

☞ 오답 노트: 실제로 미국에서 5년간 10대들을 대상으로 조사한 결과 아침을 거른 아이들이 먹은 아이들보다 오히려 2.3kg 정도 몸무게가 더 나갔대. 끼니를 거르면 기초대사량이 줄어들어 조금만 먹어도 금방 살이 찌는 체질로 바뀌게 되거든.

☺ 정답 2. 빵, 과자, 초콜릿 같은 단 음식을 줄인다.

☞ 오답 노트: 빵, 과자, 초콜릿 같은 단 음식은 탄수화물 함량이 많기 때문에 살로 잘 변신하지. 균형 있는 영양소를 섭취하려면 단백질과 과일, 야채의 비중을 높여야 해. 그리고 물을 자주 마셔. 허기도 사라지고 피부도 좋아진대. 특히 주의! 밤에 먹는 간식은 원자폭탄이야.

☺ 정답 3. 집에 가면 제일 먼저 체중계에 올라간다.

☞ 오답 노트: 누구라도 집에 가면 냉장고 문을 열고 뭐든 찾아 먹잖아? 이제부터 집에 도착하면 제일 먼저 체중계에 올라가자. 그다음에 냉장고 문을 열어. 아마 못 먹게 될걸.

☞ 정답 4. 다이어트 일기를 매일 쓴다.

☞ **오답 노트:** 물만 먹어도 살찐다? 결코 그렇지 않을걸. 스스로 의식하지 못하는 동안 많은 걸 먹고 있을 거야. 그러니 매일 먹은 걸 적어 보렴. 별로 먹은 것 같지 않은데도 적다 보면 칸이 모자랄걸.

☞ 정답 5. 하늘이 무너져도 운동은 매일 한다.

☞ **오답 노트:** 그게 가능하냐고? 가능하지. 날씨가 좋으면 빠르게 걷거나 줄넘기를 하고, 비나 눈이 오면 아파트 계단을 오르내리면 되거든. 최소한 30분은 매일 하자. 참, 걸을 때 유의점 한 가지! 허리와 어깨를 펴고 당당히 걸어. 패션모델이 되어 무대를 걷는 기분으로 말이야. 밖에 나가기 싫다고? 그럼 신나는 음악을 틀고 몸을 맘껏 흔들어 봐.

매일 조금이라도 운동을 빼먹지 않고 할 수 있다면 자신감이 생겨 공부도 잘할 수 있을 거야. 통통녀, 아니 미래의 완벽한 슈퍼모델, 파이팅!

몸에 털이 났어요. 꺅!

작성자	겨털남	댓글	4

저는 다리털이 너무 많아서 반바지를 입을 수가 없어요. 겨드랑이 털 때문에 민소매 옷도 못 입고요. 가장 심각한 건 수염이에요. 진짜 너무 빨리 자라서 아침저녁으로 두 번 깎을 때도 있어요. 거시기 털은 남이 볼 일이 없어서 괜찮지만…….

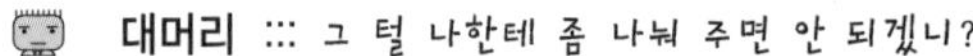

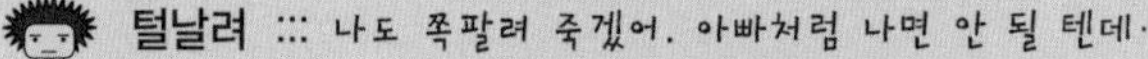

털털남 ::: 뭐 어때. 털 없는 사람도 비호감이야!

억센털 ::: 털 많다고 절대 깎으면 안 돼. 더 굵고 진하게 나.

정수연 선생님의 답글입니다.

사춘기가 되면서 갑자기 몸에 털이 많아져 당황스러울 거야. 선생님도 그 시절, 목욕탕에서 가랑이 사이에 난 털을 보고 깜짝 놀랐단다. 그때부터 민망하게도 자꾸만 목욕탕에 있는 사람들의 가랑이 사이로 눈이 가지 뭐니. 어떤 사람은 털이 무성하고, 또 어떤 사람은 너무 적고……. 결론은 '적당한 털은 보기에도 좋다', '없는 것보다는 있는 것이 낫다'는 거야. 당연히 있어야 할 부위에 털이 없는 것도 이상하잖아?

사춘기에는 남학생의 경우 콧수염과 구레나룻이 계속 자라고, 턱에도 털이 자라기 시작해. 팔과 다리의 털도 빛깔이 더욱 짙어지지. 앞가슴과 등에 털이 자라는 소년들도 있어. 여학생들 역시 겨드랑이와 성기 주위에 털이 자라지.

몸에 털이 나기 시작하는 것은 신체적으로 건강하고 성숙하다는 신호야. 누구에게나 나타나는 현상이지. 우리 몸의 털은 계속해서 조금씩 자라고 있어. 머리카락은 하루 평균 0.2~0.3mm 정도 자라는데, 수염은 머리카락의 2배 정도 빨리 자라기 때문에 자주 깎지 않으면 지저분해 보이게 돼. 사람의 몸에 있는 털은 머리카락이 약 8만 개이고 머리카락이 아닌 다른 곳에 난 털이 약 2만 개 정도야. 속눈썹이나 팔에 난 털도 속도는 느리지만 매일 자라는데, 놀랍게도 하루 동안 몸의 털이 자라는 길이를 모두 합하면 약 30m나 된대.

다시 음모 이야기로 돌아가면, 사춘기를 지나면서 남녀 모두 성기 주위에 음모가 자라기 시작해. 음모는 양다리가 서로 만나는

지점에서 자라나는 곱슬곱슬한 털이야. 눈썹이 먼지나 기타 이물질로부터 눈을 보호하는 것처럼, 음모는 예민하고 소중한 성기 부위에 이물질이 침투하는 것을 방지하지. 사막에 사는 낙타의 속눈썹이 짧다고 생각해 봐. 아마 낙타는 사막의 모래와 먼지바람을 견디지 못하고 도태되고 말걸? 우리 몸의 털들 역시 꼭 필요하단다. 겨드랑이에 난 털도 마찬가지야. 예민한 피부를 보호하는 역할을 하는 거지.

그러니 털이 많이 난다고 놀랄 필요도 걱정할 필요도 없어. 털이 많다고 겨드랑이의 털이나 음모를 깎는 건 별로 좋지 않아. 짧은 옷을 자주 입는 여름철에 보기에 민망해 약간씩 자르는 것이야 괜찮겠지만, 겨드랑이에 털이 아예 없다면 살갗이 서로 닿아 몹시 쓰릴 거야. 그리고 털은 깎을수록 더 거칠게 자라면서 '복수'를 하기도 하니 주의해야 해. ㅋ

이제 어떻게 할지 알겠지? 일단 내 몸에 털이 왜 나는지 알았으니 털이 나는 건 당연하다는 것을 인정하자꾸나. 우리 몸의 일부라는 걸 받아들이면 무성한 털도 전처럼 흉해 보이지 않을 거야. 소중한 자신의 몸을 사랑하도록 하자. 알겠지?

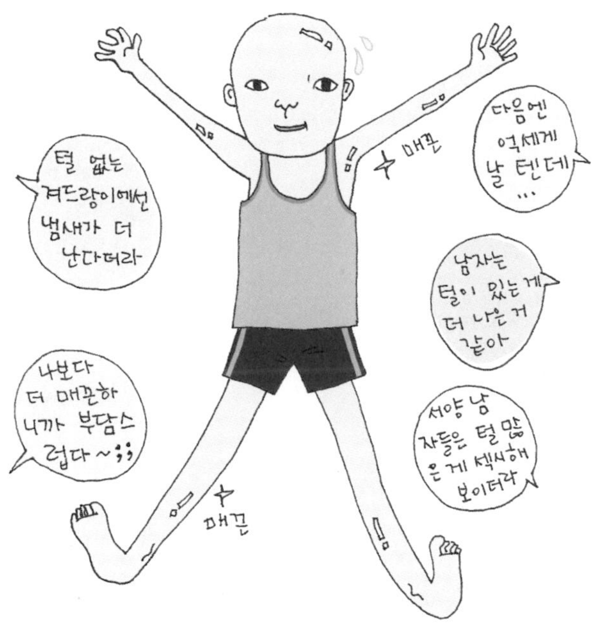
털 없는 겨드랑이에선 냄새가 더 난다더라
다음엔 억세게 날 텐데 …
매끈
남자는 털이 있는 게 더 나은 거 같아
나보다 더 매끈하니까 부담스럽다 ~;;
서양 남자들은 털 많은 게 섹시해 보이더라
매끈

몸이 불편한 것뿐인데, 왜 날 신기한 듯 쳐다봐요?

작성자	끙끙	댓글	3

전 몸이 불편해요. 혼자서는 걸을 수가 없거든요. 친구를 사귀는 것도 힘들고, 밖에 나가기도 싫어요. 사람들이 불쌍하게 보는 것 같아 자존심이 상해요. 제발 좀 쳐다보지 말았으면 좋겠어요. 나는 왜 이렇게 태어났을까요.

꿈돌이 ::: 네 손가락의 피아니스트 희아를 생각해!

앙마 ::: 불쌍하게 보기는. 이상하니까 보는 거지.

허리아파 ::: 난 그림을 그리며 잡념을 다스려.

정희영 선생님의 답글입니다.

유난히 키가 큰 소녀가 있었지. 줄을 서면 다른 친구보다 머리 하나는 더 올라오는 아이였어. 버스에 오르면 앉을 자리부터 찾았고 서 있는 걸 제일 싫어했어. 소녀는 최대한 목을 움츠리고 어깨를 구부정하게 해서 작은 키를 만들었단다. 소녀는 남녀공학 학교에 다녔는데, 가장 싫어하는 시간이 포크댄스 시간이었어. 남녀가 어울려 빙빙 돌아가며 원을 바꾸다가 키가 작은 남자 아이와 짝이 되는 순간이 오면 소녀는 어쩔 줄 몰라했지. 그 소녀가 바로 선생님이란다.

세월이 흘러 어른이 되고 보니, 남들의 시선을 의식하느라 오히려 내 삶의 많은 것들을 잃어버렸다는 생각이 들더구나. 그때 당당하게 어깨를 폈더라면 지금 이렇게 구부정하지 않고 당당한 모습일 텐데. 남자 친구들과도 자연스럽게 친해졌을 텐데. 참 아쉽다!

끙끙아. 남들과 다른 모습을 가졌다는 사실은 자신을 초라하게 만들고 이유 없이 눈치를 보게 하지. 눈에 띄지 않고 남들처럼만 지내고 싶은데 왜 난 그러지 못할까 고민스럽고, 가끔은 부모님이 원망스러울 때도 있지?

하지만 세상이 나를 바라보는 시선만 중요한 게 아니야. 세상을 바라보는 내 시선도 중요해. 내 삶의 주인공은 '나'란 말이지. 다른 사람이 나를 어떻게 볼까 걱정하기에 앞서 내가 세상을 어떻게 보고 있느냐를 먼저 생각하면 어떨까. 알고 보면 사람들은 모두 다 달라. 각기 다른 사람들이 모여 조화를 이루는 것이란다.

걸리버는 소인국에서 거인 취급을 당하지만, 거인국에 가서는 난쟁이 취급을 당하지. '다르다'는 건 '틀리다'와는 다른 말이잖니. 그런데도 사람들은 자기들의 잣대로 다른 사람을 판단하는 실수를 하곤 한단다.

장 크레티앙이라는 전 캐나다 총리가 있어. 그는 선천적으로 한쪽 귀가 안 들리고 얼굴 근육에 장애가 있어서 발음도 어눌하지만 세 번이나 총리를 했단다. 어떻게 그럴 수 있냐고? 나라를 대표하는 총리가 국가 이미지를 손상시키지는 않을까 걱정하는 국민들에게 그는 이렇게 말했어.

"나는 말을 어눌하게 하지만, 거짓말은 하지 않습니다."

이렇게 자신을 인정하는 당당한 태도에서 국민들은 그의 진실한 마음을 읽지 않았을까? 그는 텔레비전에 비치는 자신의 겉모습이 어떨까 신경 쓰지 않았고 자신의 외모를 과장되게 일그러뜨려 그리는 만화 비평가들의 시선 따위는 염두에 두지 않았지.

이 세상에는 신체적 조건에 얽매이지 않고 당당하게 자신의 삶을 꾸려 간 사람들이 참 많단다. 끙끙아, 이제 혼자서 고민하지 말고 자신 있게 어깨를 펴 봐. 이 세상의 중심에 네가 있다는 사실을 잊지 말고, 지금 이 순간 네가 할 수 있는 일을 즐기렴.

첨부 파일

〈오체 불만족〉
나는 남과 다르지 않다

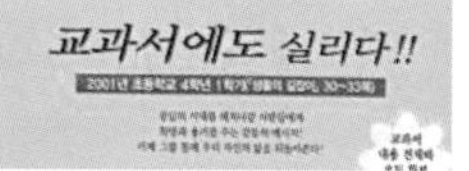

오토타케 히로타다는 양팔과 두 다리가 없이 태어난 순간부터 "오, 귀여운 내 아기!"라는 엄마의 탄성을 들었단다. 그리고 양 겨드랑이에 야구 방망이를 끼워서 야구도 했지. 그는 자신의 신체를 장애라고 생각하지 않고, 다만 남들과 다른 신체적 조건이라고 생각했어. 그래서 남들과 똑같이 학교를 다니고 대학을 졸업한 뒤 지금은 초등학교 선생님이 되었단다. 멋진 사람이지? 이 책은 오토타케 히로타다가 직접 들려주는 자신의 이야기야.

7	자위를 했어요. 죄를 지은 기분이에요.		
작성자	어린양	**댓글**	3

요즘 제가 짐승 같다는 생각이 들어요. 야한 옷차림의 여자를 보면 저도 모르게 흥분되고, 집에서는 습관적으로 야동을 봐요. 그러다 보면 저도 모르게 자위를 하게 되는데, 제가 진짜 나쁜 놈이 된 것 같은 기분이에요. 그런데도 다시 야한 걸 보면 참지 못하고 또……. 저 어떻게 하죠?

불끈이 ::: 처음엔 다 그래. 난 하루에 여러 번도 하는걸? ㅋㅋㅋ

순진이 ::: 역시 남자는 짐승이야. 못 믿을 인간들.

웃기네 ::: 남자가 다 짐승? 넌 얼마나 순진하기에? --^

박승환 선생님의 답글입니다.

네 글을 읽으니 떠오르는 친구가 있구나. 중학교 때 친구였는데, 그 친구는 매일 학교에 오면 자위 얘기만 했지. 어제는 야한 잡지를 봤는데 도저히 참을 수 없어서 자위를 했다, 그저께는 친구에게서 에로 비디오를 빌려 보다가 자위를 했다, 뭐 그런 이야기였어. 당시만 해도 순진한(?) 학생이었던 선생님은 친구가 그런 이야기를 꺼낼 때면 "어휴, 변태 자식……"이라며 무시했지.

그런데 어느 날, 그 친구가 나에게 책을 한 권 내밀었어. 뭔가 싶어서 보니까 이게 웬일이야, 온통 여자들이 옷을 벗고 있는 잡지인 거야. 평소 그 친구를 변태라고 놀려 왔던 터라 저리 치우라고 말은 했지만 왠지 가슴이 두근거렸지. "괜찮아 인마, 이런 거 봐야 남자가 되는 거야. 내가 빌려 줄게." 친구가 이렇게 말을 하는데, 그 상황에서 싫다는 말이 도저히 안 나오데. 뭐, 사실 선생님도 잡지 내용이 궁금했거든. 그래서 못 이기는 척 잡지를 가방에 후다닥 넣어 버렸지. 그리고 집에 가서는 방문을 잠그고 잡지를 넘기기 시작했어. 여러 자세로 이상한 표정을 짓고 있는 여자 사진을 보니까 나도 모르게 흥분이 되더라. 결국 선생님도 그날 자위를 해 버리고 말았어. 그런데 이게 정말 너무 찝찝한 거야. 괜히 죄책감도 들고. 엄마랑 선생님 얼굴을 보는 게 어찌나 민망하던지…….

그런데 자위가 과연 죄책감을 느낄 만한 행동일까? 선생님이 단호하게 말하건대, 그건 절대 부끄러운 행동이 아니야. 인간의 성욕은 자연스러운 것이고 특히 네 나이에는 더욱 강하게 나타나. 짐승들과 달리 인간은 혼자서도 조용히 욕구를 해결할 줄 알지. 그 방법이 바로 자위고 그건 네 또래 아이들의 보편적인 체험이기도 해.

그러면 자위를 자주 하는 것은 어떻게 생각해야 할까? 자위를 하는 것 자체는 아무 문제가 없지만 자위를 지나치게 많이 하는 것은 생각해 볼 필요가 있어. 보통 청소년의 경우 일주일에 3회까지도 할 수 있다고 보는데, 그 이상으로 자위를 하다 보면 피로가 누적되고 심리적으로 죄책감이 커지는 악순환을 겪게 돼. 이럴 때 효과적인 것이 운동이야. 운동을 하는 동안은 자위 생각을 잊을 수 있거든.

청소년기는 무언가에 진지하게 몰입하기 쉬운 시기란다. 그러니 네가 몰입할 수 있는 좀 더 폭넓고 구체적인 대상을 찾아보는 것도 좋을 거야. 알겠지? 멋진 친구! ^^

첨부 파일

〈몽정기〉
온몸으로 꿈을 꾸는 황당하고 짜릿한 순간

〈몽정기〉는 사실보다 과장된 구석이 많은 영화야. 하지만 청소년기의 성적 호기심에 대해 때로는 재미있게, 때로는 진지하게 접근하고 있어 유쾌하게 볼 수 있는 영화이기도 해. 주된 줄거리는 병철과 유리의 사랑 이야기지만 동현을 비롯한 2학년 6반 4총사의 성적 호기심에 대한 이야기들이 더 흥미롭지. 하지만 영화 속에 나오는 컵라면이나 참외를 이용한 민망한 행동은 따라하지 않는 것이 좋겠다. ^^;

어제 본 야동이 자꾸 생각나요.

작성자	야리야리동동	댓글	4

며칠 전에 친구 집에 놀러 갔는데 친구가 좋은 영화라며 야한 동영상을 보여 주더라고요. 얼굴이 벌겋게 되면서 살짝 야릇한 기분이 들더니……. 쩝, 암튼 그 이후로 자꾸 그 생각이 나요. 이러다 저 변태 되는 건 아니겠죠? 걱정돼요. ㅠㅠ

막장고수 ::: ㅋㅋ 이제야 야동의 세계에 입문했군.

민망해 ::: 헐, 난 그런 거 도저히 못 볼 것 같은데.

무한본능 ::: 본능대로 고고씽이지. ㅋㅋ 좋은 거 추천해 줄까?

감사감사 ::: 무한본능 님, 저한테 추천해 주심 ㄱㅅ.

정은현 선생님의 답글입니다.

대한민국 초고속 인터넷 세상이 너의 호기심을 채워 주었군. 샘이 사춘기 때는 안타깝게도 이런 인터넷 세상이 아니었던지라 야한 그림과 동영상을 보려면 굉장한 노력이 필요했는데. ㅋ

기억 속 한 장면이 생각난다. 초보 교사가 되어 내가 중 1 담임을 맡은 학기 초의 어느 날인가 점심시간에 선생님 한 분이 뛰어오면서 나보고 얼른 교실에 가 보라는 거야. 뭔 일이 생겼나 싶어 우리 반 교실로 부리나케 달려갔지. 헉헉. ㅠㅠ 그런데 글쎄, 울 반 학생들이 옹기종기 사이좋게 모여 야동을 보고 있지 뭐야. 얼굴이 벌겋게 된 남학생, 차마 볼 수 없어 눈을 돌리고 있는 여학생 등……. 으악, 얘들이 수업용 멀티 기자재를 이용해서 대놓고 성인 음란물을 감상 중이셨던 거야!

예전에 샘의 오빠가 고딩 때 일이야. 우리 오빤 공부도 잘하고 말수도 별로 없는 성실한 범생이었어. 그런데 어느 날, 내가 무언가를 꺼내려고 오빠의 책상 서랍을 여는 순간, 서랍 밑에서 뭔가가 와르르 쏟아지는 거야. 헉! 이럴 수가! 전라의 남녀가 뒤엉킨 낯 뜨거운 사진들과 S라인의 쭉쭉 빵빵한 미녀들이 거의 알몸으로 찍힌 사진들이 방바닥에 뒹구는데 어찌나 당황스럽던지! 그런데 말이야, 그 와중에도 호기심이 발동해서 오빠가 모아 놓은 사진들을 다 구경하고 아무 일 없었다는 듯이 제자리에 다시 두었다니까. 그 후 오빠의 서랍을 뒤지는 못된 버릇이 생겼지 뭐니. ㅋ 아마도 한동안 나의 성적 호기심을 오빠의 서랍 속에서 충족하지 않았나 싶어.

요즘 같은 정보화 시대에 한창 성적으로 호기심이 왕성한 사춘기 청소년들에게는 인터넷이 훌륭한(?) 정보의 창이 되지. 자의 반 타의 반으로 야한 동영상과 사진을 접하는 친구들은 이상야릇한 감정이 들기도 하고, 신체의 변화를 느끼면서 '내가 왜 이러지? 다른 사람들이 이상하게 생각할 거야' 라는 죄책감에 빠지기도 해.

사춘기가 되면 몸에 변화가 오면서 남녀의 신체 구조가 달라지고 자연스럽게 자신의 몸과 이성의 몸에 대해 관심을 갖게 돼. 그러니 너무 자신을 책망하지는 마. 어른이 되기 위한 자연스러운 과정이라고 생각하렴.

하지만 무분별하게 성인 음란물을 보는 것은 좋지 않아. 성인 음란물을 지나치게 보다 보면 상대 이성을 인격체로 보기보단 성적인 대상으로 보게 되거든.

사랑하는 사람이 생기면 만지고 싶고 안아 주고 싶고 부드러운 손길을 느끼고 싶은 건 지극히 당연해. 성행위도 그러한 사랑의 표현 방법 중 하나란다. 음란물에서 볼 수 있는 성행위는 사랑이 없는 욕망의 몸짓이지. 그런 음란물을 호기심에서 한두 번 볼 수는 있지만 자주 보는 건 결코 바람직하지 않단다.

미래의 아름답고 소중한 사랑을 위해 음란물을 휴지통에 버릴 수 있는 용기를 내자꾸나.

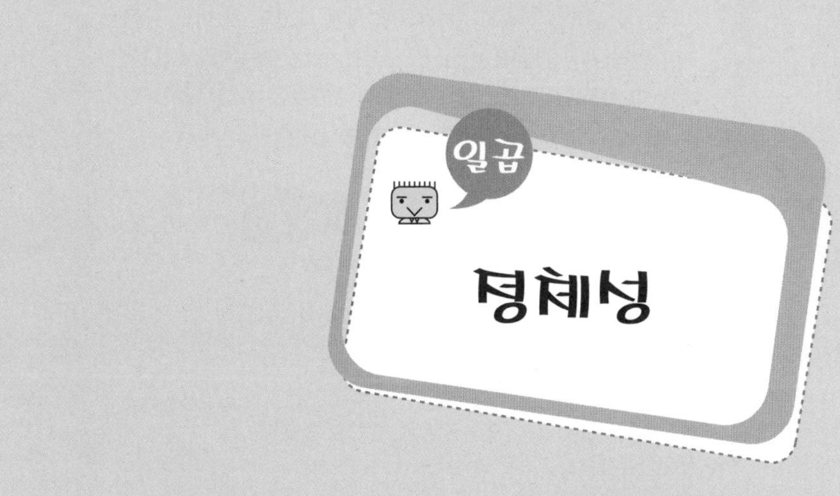
일곱
정체성

1	남자 같다고 놀려요. 뭐가 여자다운 건지 모르겠어요.		
작성자	커피프린스	**댓글**	4

저는 아침마다 머리도 잘 감고 얼굴에 로션도 잘 바르고 학교에 간답니다. 거울에 비친 제 모습은 분명 여자예요. 그런데 제가 얌전하지 않고 과격해서 그런지 친구들은 저를 남자처럼 대해요. 아니 여자, 남자 성격이 따로 있나요?

얼짱녀 ::: 흥, 거울 깨게 생겼나 보군.

나공주 ::: 공감해요. 집에서는 공주님인데…….

걱정마요 ::: 아가씨 되면 다 예뻐진다네~

최한결 ::: 지금도 충분히 예쁠 것 같은데?

이석민 선생님의 답글입니다.

세상에는 다양한 사람들이 살고 있지. 키가 큰 사람도 있고 작은 사람도 있고, 뚱뚱한 사람도 있고 마른 사람도 있어. 어떤 사람은 얌전하고 내성적인데 또 어떤 사람은 활달하고 외향적이야. 우리 모두가 다 똑같은 모습에 똑같은 성격이라면 세상이 얼마나 재미없겠니?

선생님이 중학교에 다닐 때, 별명이 '미스문'이라는 친구가 있었어. 보통 남자아이들은 의자에 앉을 때 털썩 주저앉는데 녀석은 마치 치마를 입은 여학생이 앉듯이 바지를 쓸어내리며 앉았지. 그리고 장난치다가 행여 때리거나 밀칠라치면, '어머! 왜 이래, 얘가~' 라고 말하곤 했단다. 심지어 쉬는 시간에 다리에 난 털을 족집게로 뽑기도 했지 뭐야. 하루는 녀석에게 그 이유를 물었는데, 녀석의 대답은 이랬단다.

"위로 누나가 셋이나 있는데 늘 보고 듣는 게 그런 거지 뭐."

그런데 체육대회 날이었어. 그렇게 여자아이 같던 미스문이 단축 마라톤에서 우승을 했어. 그뿐 아니라 닭싸움 경기에서도 학교에서 건달로 불리던 아이와 막상막하의 대결을 펼치며 준우승을 했단다. 우리 모두가 깜짝 놀라 달라진 눈으로 녀석을 보았지. 물론 졸업할 때까지도 녀석의 별명은 계속 미스문이었지만. ^^

여자인데 남자 같다는 소리를 들을 때 기분이 많이 나빴지? 성격이나 행동으로 남자 같다, 여자 같다 선을 긋는 것이 불합리하다고 느껴질 수도 있고. 하지만 가만히 자신을 들여다보렴. 신체적인 면에서라면 분명히 여성스러운 구석이 너에게 있을 거야. 왜

냐하면 남성은 남성호르몬이, 여성은 여성호르몬이 더 많이 분비되어 그러한 특성이 겉으로 나타나거든.

남들이 선머슴이네 남장 여자네 놀려 대도 오히려 그 아이들이 가지지 못한 걸 가지고 있다고 생각하면 어떨까? 선생님은 여성스러움과 남성스러움은 오랜 세월 동안에 이루어진 관습이나 선입견의 소산이라고 생각해. 그래서 여성은 여성, 남성은 남성처럼 생각하고 행동하지 않으면 이상한 취급을 받지. 그런데 이제 세상이 많이 바뀌었잖아. 지나치게 한쪽으로 치우친 것은 오래가지 못하는 시대! 그런 시대에 넌 남들이 가지지 못한 장점을 가진 거야. 여자이기 때문에 생기는 어려움이 친구들에게 있을 때, 네가 용감하게 나서서 일을 처리해 준 적이 있지 않니?

무엇보다 중요한 것은 남들의 말보다 자신의 생각이란다. 나귀를 끌고 가는 아버지와 아들 이야기 알지? 남의 말에만 신경 쓰다가 결국 낭패를 보게 되잖아. 지금 한번 거울을 보렴. 누구와도 똑같지 않은 네가 멋지게 웃고 있지 않니?

남자 몸이 어색해요. 여자가 되고 싶어요.

작성자	천하장사마돈나	댓글	3

저는 어렸을 때부터 여자가 되고 싶다는 생각을 많이 했어요. 요즘은 신경 쓰이는 게 퍽 많아요. 학교에서 친구들이 툭툭 건드리는 것도 불편하고, 목욕탕에도 가기 싫어요. 얼마 전엔 여자 원피스를 사서 입어 봤는데, 나한테 정말 잘 어울려서 벗기가 싫었어요. 아마도 난 남자로 잘못 태어난 여자인가 봐요.

 **군바리** ::: 짜식, 군대 갔다 와야겠다. ㅋㅋ

 **바보이반** ::: 난 여자로 잘못 태어난 남자인데…… .^^

슈주부인 ::: 세상엔 남자와 여자만 있는 게 아냐!

김창균 선생님의 답글입니다.

정말 말하기 힘든 고민을 털어놓았구나. 감정과 욕구는 여성인데 몸이 남성이라는 건 큰 고민이 아닐 수 없지. 하지만 선생님은 자신을 사랑할 줄 아는 네 모습이 보기 좋다. 남들은 별다른 고민

없이 정해진 삶의 길만 따라 걷는데, 너는 스스로에 대해 진지하게 고민하고 있으니 말이야.

어릴 때 초등학교 교과서에는 항상 '철수'와 '영희'가 있었어. 선생님도 한때는 학교에서 배운 대로, 사람은 남성 아니면 여성이며 남녀에겐 각기 다른 성 역할이 있다고 믿어 왔단다. 가부장적인 사회에서는 그게 너무도 당연한 생각이었겠지. 하지만 그때라고 성(性)에 대한 다른 관점이 없었겠니?

선생님이 대학 다니던 때의 일이야. 남원 광한루에 친구들과 놀러 갔다가 춘향과 이몽룡처럼 차려입고 기념사진을 찍게 되었지. 그런데 친구들이 나더러 춘향이 옷을 입어 보라는 거야. 선생님은 외모가 예쁘장하다는 말을 많이 들었거든. 그렇게 입어 본 춘향이 옷은 선생님에게 썩 잘 어울리더구나. 친구들은 그 모습을 보고 손가락질하며 웃었지만, 선생님은 그날 많은 생각을 했어.

사람들을 오른손잡이와 왼손잡이로만 나누면 양손잡이는 갈 데가 없단다. 또 빨강의 반대는 '빨강이 아닌'이지 파랑이 아니란다. 남자와 여자는 어떨까? 세상에는 판에 박힌 모습의 남자와 여자만 있는 걸까? 그렇지 않아. 성을 이분법적으로 나누기보다는 공통된 요소에 대해 서로 이해하는 것이 더 중요하단다. 여러 색깔을 섞어 사용해야 멋있는 그림을 그릴 수 있듯이, 다양한 사람이 존재할 때 사회도 풍성할 수 있을 거야. 스스로에게 자신을 가지고 생각을 넓게 키워 나가라고 말해 주고 싶구나.

무엇보다도 중요한 건 우리 모두가 좀 더 유연하게 생각할 수 있어야 한다는 거지. 사람을 있는 그대로 보아 줄 수 있도록 말이야. 머리가 짧고 바지를 입어야만 남자일까? 부드럽고 유순한 성격에 치마를 입어야만 여자일까? "저 사람, 저게 뭐야? 여자야, 남자야?" 하고 비난하지 말고. 그 모습 그대로 보아 주는 노력을 모두가 함께 한다면 우리 사회는 더 나은 사회가 되겠지? ^^

첨부 파일

〈천하장사 마돈나〉
뒤집기 한 판이면 여자가 될 수 있다?!

고등학교 1학년 뚱보 소년 오동구. 그의 장래 희망은 '진짜' 여자가 되는 거야. 그것도 마돈나처럼 완벽한 여자가 되어 짝사랑하는 일어 선생님 앞에 당당히 서는 것!

여자가 되려면 수술비가 필요한데, 가진 거라곤 엄청나게 센 힘 하나뿐인 동구에게는 딱 500만원이 부족해. 그러던 어느 날 동구는 '인천시 배 고등부 씨름 대회' 우승자 장학금이 500만원이라는 사실을 알고 씨름부를 찾아가지. 뒤집기 한판이면 마침내 여자가 될 수 있다는 희망도 잠시뿐, 동구는 죽을 맛이야. 하필, 남학생들과 웃통 벗고 맨살을 부대껴야 하는 씨름이라니!

이 영화는 성적 소수자의 이야기를 인간미 넘치는 드라마로 그려 냈다는 점에서 호평을 받았어. 나와 다른 사람들을 밀어내지 않고 이해하는 것이 얼마나 중요한지 잘 보여 주었지. 자, 그럼 우리 함께 마돈나가 되기 위해 천하장사부터 되어야 하는 동구를 응원해 볼까? ^^

3	내 이름이 부끄러워요.		
작성자	안명태	댓글	3

부모님은 제 이름을 왜 이렇게 지으셨을까요? 명태전, 명태새끼, 명태 눈깔……. 으, 친구들은 생선만 보면 놀려요. 그래서 저는 명태뿐만 아니라 생선은 절대 안 먹어요. 명석할 명·클 태, '명석하게 크라'는 이 이름이 왜 하필 생선 이름하고 같은지. 이젠 친구들의 놀림이 지긋지긋해요. ㅠㅠ

나똑똑 ::: 똑똑하지 않은 나, 나도 똑같아.

김공주 ::: 공주처럼 우아하게 살면 되지 뭐.

기억해 ::: 별난 이름은 친구들이 오랫동안 기억해 주잖아.

주쌍희 선생님의 답글입니다.

엄마야, 지정신, 이정자, 김난자, 이백원, 이천원, 이억원, 현행범, 이형사, 한국인, 임금님, 전화, 천재, 방구만, 강아지……. 모두 우습고 별난 이름들이지? 김쌍수, 서쌍자, 조쌍연, 김쌍철, 주쌍희……. 이 이름들의 공통점은 뭘까? 모두 '쌍'자가 들어가 있네. 욕도 아니고 정말 특이하지 않니? 선생님이 이름을 말하면 그런 희한한 이름도 있냐며 장난치지 말라고 하는 사람이 무척 많아.

선생님은 학교에 들어가서야 내 이름이 '쌍희'인 줄 알게 되었단다. 어릴 때 불렀던 이름은 따로 있었거든. 내 이름을 밝히면 질문이 쏟아져. 이름이 왜 그러냐? 쌍둥이라서 그렇다, 쌍둥이 언니가 있냐 동생이 있냐? 언니도 동생도 아닌 오빠가 있다, 뭐? 그럼 이란성 쌍둥이? 그럼 오빠 이름은 뭐냐? 쌍식이? 쌍철이? 거기엔 '쌍'자가 안 들어간다, 내 이름에만 들어간다. 휴~

어릴 땐 이런 질문 받는 것이 너무 싫어서 이름을 밝히는 걸 꺼렸어. 많이 우울하기도 했지. 그러다 한번은 큰언니에게 내 이름은 왜 이러냐며 푸념을 했어. 최소한 '상희'라도 되면 좋겠다고. 그러자 언니는 이렇게 말하더라. "상희는 너무 평범하잖아. 난 쌍희가 좋은데. 이름도 분명하게 들리고 기억하기도 쉽고 성(姓)과도 잘 어울리고."

그래. 내 이름은 한 번만 들어도 절대 잊을 수 없다는 장점이 있다는 걸 그때 깨달았지. 몇십 년 전 초등학교 동창을 만나도 '쌍희야, 반갑다', 제자들도, 스치며 만났던 사람도 '어, 주쌍희 선생님!' 하고 기억해 주니 얼마나 좋니!

평범하고 흔한 이름도 좋긴 하지만 사람들에게 오래 기억되긴 어렵지. 헷갈리기도 하고 말이야. '이지영인가, 김지영인가, 키 큰 김지영? 키 작은 김지영?' 하는 것보다 '아, 안명태!' 하면 한 번에 기억되니 편하고 좋잖아! 너를 특별하게 해 주는 별난 이름이니 더 이상 스트레스 받지 마.

친구들이 놀리는 문제는 학창 시절이 지나면 괜찮아진단다. 그래도 영 마음에 안 들면 법원에서 이름을 바꿀 수도 있어. 이맹이를 이민주로, 임갑순을 임가은으로 바꾸면 되지. 그렇게 하면 더 이상 자기 이름을 듣고 아무도 웃지 않겠지만 상큼하고 별스러워서 기억하기 좋은 느낌은 없어져 버려 아쉬울지도 몰라.

난 네가 이름을 숨기고 짜증 내기보다 당당하게 밝히는 모습이 더 멋질 것 같아. 내 경우에도 당당하게 이름을 밝히는 순간부터 아무도 이름을 가지고 놀리지 않더라고.

별난 이름을 가진 명태야, 당당하고 씩씩하게 살아. 색다른 네 이름만큼 색다른 사람이 될 수 있기를 기대할게.

안명태

죽고 싶어요! 왜 살아야 하나요?

작성자	베르테르	댓글	3

전 요즘 삶에 아무런 의욕이 없어요. 세상 어느 누구도 내 마음을 이해해 주지 않아요. 왜 태어났는지 어떻게 살아야 되는지도 모르겠어요. 이렇게 고통스러운데도 꼭 살아야만 하나요? 태어나는 건 내 선택이 아니지만, 죽음은 내가 선택할 수 있잖아요.

 **강마에** ::: 똥덩어리! 그따위 정신 상태로 살 텐가?

 **예진아씨** ::: 님을 사랑하는 사람들을 떠올려 봐요.

 **일지매** ::: 너를 필요로 하는 일들이 있을 거야.

차현지 선생님의 답글입니다.

마음속에 높이 쌓아 놓은 성 때문에 다른 사람과 소통하는 것이 두렵고, 그러다 보니 삶이 아무런 의미도 없는 것 같은 모양이구나. 선생님도 너만 할 때 그랬어. 수업이 끝나면 날이 저물도록 학교 벤치에 혼자 앉아 멍하니 있곤 했지. '아무도 나를 필요로 하지 않고, 나도 아무 미련이 없는데 이 삶을 놓으면 어떨까.' 그렇게 한참을 고민하다가 정말 어렵게 한 친구에게 내 마음을 털어놓았어. 그런데 그 친구가 내 손을 붙잡고 우는 거야. 그러곤 아무 말 없이 나를 가만히 안아 주는데 그 순간 꾹꾹 참았던 눈물이 터져 나오더라. 친구는 말했어. "현지야, 나도 힘들고 괴롭지만 네가 있어서 견디고 있어. 너도 나를 생각하며 견뎌 주면 안 될까?" 그 눈빛이 얼마나 간절하던지 그렇게 하겠다고 약속할 수밖에 없었어. 나처럼 작은 존재에게도 누군가는 위로를 받고 있다는 사실을 깨달은 순간이었지.

삶은 결코 쉽지 않아, 그렇지? 하지만 그래서 더 흥미롭고 재미있는 거 아닐까? 생의 모든 감정들을 오롯이 느끼면서 우리는 성숙한 인간으로 성장해 간단다. 슬픔도 삶의 일부라 여기며 기꺼이 자신의 상처를 바라볼 때, 더 단단하고 향기로운 사람이 될 수 있어. 하늘은 언제나 우리가 감당할 만큼의 시련만 준단다. 그러니 이제 그만 눈물을 닦고 다시 힘을 내 보자고.

그렇게 노력하는데도 여전히 사람들이 네 마음을 몰라주고 힘들게만 한다고 느껴지면, 이것 하나만 기억하렴. 언제나 진심으로 살면 된다는 것! 선의와 긍지를 가지고 당당하게 살아간다면 그 누구도 너를 뒤흔들 수 없어. '정신적 맷집'이 강한 사람이 되면 남 덕분이 아니라 나 스스로 행복해질 수 있으니까.

삶은 소풍이라고 노래한 시인처럼 이 세상 소풍 끝내고 돌아가는 날 아름다웠노라고 말할 수 있도록 열심히 살아 보자꾸나. 내일은 내일의 태양이 뜨기 마련이고, 오늘은 어제 죽은 자가 그토록 간절히 바라던 내일이니까. 순간순간을 힘차게 살아 내면서 행복하다 여기면 되는 거야.

따사로운 햇살을 온몸으로 알알이 느껴 본 적 있니? 환한 햇살 속에서 바람의 감촉도 느껴 보고, 꽃과 나무의 살랑거림도 지켜보고 있노라면 마음속 우울함이 말라 가는 느낌이 든단다. 마치 젖은 옷이 햇볕에 마르듯 말이야.

자, 따스한 햇살을 받고 이제 한번 웃어 볼까? 작은 미소라도 좋아. 그래, 그렇게 스스로를 사랑해 보자고.

첨부 파일

〈키다리 아저씨〉
작은 행복들을 많이 쌓을 생각이에요

아저씨,
저는 행복의 진짜 비결을 찾아냈어요.
그건 현재를 사는 거예요.
과거를 후회하거나 미래를 걱정하며
시간을 낭비하는 게 아니라
바로 지금 이 순간을 최대한 누리는 거지요.

저는 매 순간을 즐기고,
내가 즐기고 있다는 그 사실을 기억하겠어요.

대부분의 사람들은 인생을 단지 경주하듯 달릴 뿐이에요.
그들은 지평선 너머에 있는 목적지에 닿으려고 안간힘을 쓰느라
주변의 아름답고 조용한 경치를 하나도 보지 못한 채 지나치지요.

그러다가 문득 깨달아요.
자신은 이미 늙고 지쳤다는 것을.
목적지에 도달하든 그렇지 않든, 아무런 차이가 없다는 것을.

저는 차라리 길가에 주저앉아
작은 행복들을 많이 쌓을 생각이에요.

– 진 웹스터, 〈키다리 아저씨〉 중

소심한 내 성격 때문에 속 터져요.

작성자	소심남	댓글	4

저는 남 앞에 서면 말도 잘 못하고 벌벌 떨다가 얼굴까지 붉어져요. 이런 저의 모습이 한심하고 속상해요. 내성적이고 소심한 제 성격 때문인 것 같아요. 어떻게 하면 이런 성격을 좀 활발하게 바꿀 수 있을까요? 도와주세요.

악플이 ::: 타고난 성격을 어떡하겠어. 걍 살아. ㅋㅋ

매력남 ::: 지옥의 해병대 전지훈련이라도 함 다녀와 보지?

모범생 ::: 넌 충분히 고칠 수 있어. 힘내.

왈가닥 ::: 나도 덜렁대는 내 성격을 바꾸고 싶은데…….

정은숙 선생님의 답글입니다.

내가 아마 유치원에 다닐 때였을 거야. 소풍을 가서 많은 사람들 앞에서 장기 자랑을 하게 되었어. 일단 앞에 나왔으니 노래도 부르고 춤도 춰야 하는데 부끄럽기도 하고 영 내키지가 않는 거야. 결국 노래를 한 소절도 부르지 못하고 그만 눈물을 뚝뚝 흘리고 말았단다. 당황한 유치원 선생님이 나오셔서 같이 노래도 부르고 율동도 맞춰 주셨는데 난 속상해서 훌쩍훌쩍 울기만 했지. 그 장면이 어릴 적 앨범 속에 고스란히 남아 있단다. ㅋ

누구나 남 앞에 서면 두렵고 긴장하기 마련이야. 친한 친구랑은 말을 잘하다가도 여러 사람들 앞에만 서면 말문이 막히고 얼굴도 붉어지잖아. 어느 유명한 가수도 늘 무대에 서기 전에 심호흡을 하면서 혹시 실수하지 않을까 걱정한다는 이야기를 들은 적이 있어. 두려움, 긴장 같은 감정은 인간이라면 누구나 느끼는 자연스러운 것이라고 생각해.

성격이 내성적이고 소심한 사람들은 오히려 활발하고 적극적인 사람들에 비해 실수할 확률이 적은 것 같아. 남들에게 이야기하기 전에 머릿속으로 한 번 더 곰곰이 생각해 보기 때문이지. 내성적인 사람들은 비교적 차분하고 꼼꼼하기 때문에 예술, 문학, 발명 등 감성적인 분야에서 성공할 확률이 높다고 해. 한 분야를 파고드는 집요함이나 끝까지 밀고 가는 지구력도 외향적인 사람보다 뛰어나고 말이야.

어때? 지금까지 너의 성격이 다 나쁜 줄로만 알았는데 이렇게 보니 좋은 점도 많지? 부모님께 물려받은 타고난 성격을 고치기란 그렇게 쉬운 일이 아니란다. 무조건 성격을 고치려고 하기보다는 장점을 잘 활용하면서 필요한 부분을 조금씩 개선해 나가는 게 좋을 것 같구나. 사람에게는 한 가지 성격만 있는 건 아니라고 생각해. 내성적인 면이 돋보일 때가 있고, 외향적인 면이 돋보이기도 해.

억지로 남들과 똑같이 살아갈 필요는 없어. 너의 강점을 잘 살려 남들과는 다른 자신만의 스타일대로 살아가는 게 중요해. 지금의 네 모습이 비록 초라하고 보잘것없이 느껴지더라도 자신을 너무 책망하지 말고 남과 다른 너의 능력을 찾아보렴. 살아가면서 많은 사람과 만나다 보면 성격도 자연스럽게 변할 수 있으니까 너무 걱정하지 말고, 너만의 장점을 잘 살려 나가기 바란다.

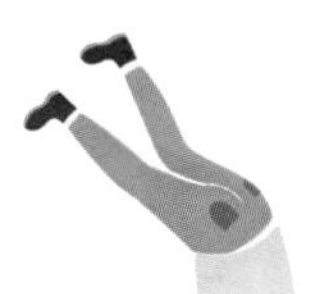

6	지금이 너무 싫어요. 시간을 뛰어넘고 싶어요.		
작성자	투명인간	댓글	3

아침에 학교 가서 공부하고, 집에 와서 저녁 먹고 학원 가고, 숙제까지 하면 12시……. 매일매일 똑같은 날들, 왜 이렇게 힘들게 살아야 하는 걸까요. 어릴 적 철모르던 시절, 아무것도 모르고 뛰어놀 때가 좋았어요. 다시 어린 시절로 돌아가고 싶어요. 아니면 차라리 빨리 노인이 되어 걱정 없이 살고 싶어요.

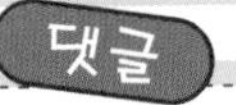

그렇지뭐 ::: 이런 애들이 늙으면 청춘을 돌려 달라 하지롱.

피터팬 ::: 누구나 힘든 건 다 있어. 너만 그렇다고 생각하지 마.

나도그래 ::: 인생 뭐 있어. 가는 거야~ 어디로? 학원으로. ㅠㅠ

강미라 선생님의 답글입니다.

네모난 교실의 딱딱한 의자에서 보내는 하루, 월말고사다 모의고사다 해서 숨 돌릴 틈도 없이 닥쳐오는 시험, 열심히 해도 별로 오르지 않는 성적, 친구들과의 경쟁 스트레스……. 정말이지 숨이 턱턱 막히는구나.

나도 너처럼 학창 시절엔 차라리 시간이 훌쩍 흘러 노인이 되어 버렸으면 하고 바란 게 한두 번이 아니었단다. 그러면 치열한 경쟁 사회에서 한 발짝 물러나 있을 수 있고, 소일거리나 하면서 시간을 마음대로 쓸 수도 있을 거라고 생각했거든.

너의 글을 읽으니 학창 시절 선생님의 마음을 다시 들춰 보는 것 같았단다. 물론 지금 학생들은 선생님의 학창 시절보다 더 치열한 경쟁 속에서 살아가지만 말이야.

중학교를 졸업하면 고통이 끝날까? 고등학생이 되면 대학 입시, 대학생이 되면 취직 스트레스를 겪게 되겠지. 누구나 그런 불안과 고민과 갈등을 안고 살아간단다. 어차피 나에게 주어진 현실이라면 숨거나 피하기보다는 한번 부딪쳐 보는 것도 괜찮을 거야.

누군가가 선생님에게 '당신은 가장 부러운 사람이 누구입니까?'라고 묻는다면, 나는 주저하지 않고 '인생의 모든 문이 열려 있는 사람'이라고 대답할 거야. 선생님은 인생의 절반가량을 살았고 남은 절반의 가능성만 갖고 있지. 그런 선생님보다 무한한 가능성을 지닌 너희들이야말로 가장 값진 보물을 가진 부자라고 할 수 있지.

지금 주어진 환경과 상황은 얼마든지 변할 수 있고, 그것을 변화시킬 수 있는 가능성이 바로 너에게 있단다. 네가 너무도 힘들어하고 지겨워하는 바로 이 순간이 마음껏 너의 꿈을 펼칠 수 있는 발판이 되는 거야. 어쩌면 너는 이렇게 되묻겠지. “그건 공부 잘하는 애들 얘기라고요.” 그래, 공부 잘하는 학생들은 그 공부를 바탕으로 기회를 잡을 수 있을 것이고, 춤추기를 좋아하는 학생은 춤으로, 게임을 좋아하는 학생은 컴퓨터를 이용해 기회를 잡겠지. 하지만 잊지 말아야 할 것은 자신이 좋아하는 것에 대해 최선을 다해야 한다는 거야. 최선을 다해야 최고가 될 기회도 잡을 수 있거든. 너는 그런 잠재력을 지닌 존재라는 걸 잊지 마.

우선 네가 정말 이루고 싶은 것이 무엇인가를 구체적으로 생각해 보렴. 지금까지는 어른들이, 부모님이, 선생님이 시키는 대로 생각하고 공부해 왔다면, 이제부터는 네가 진짜 원하는 것을 위해 무엇을 해야 하는지 구체적으로 생각해 봤으면 해. 그러면 그 노력이 공부에 집중하는 것이든 운동에 열광하는 것이든 ‘재미’가 있을 거야. 목표가 뚜렷하고 하고자 하는 의욕이 있다면 반드시 꿈을 이룰 수 있단다.

또 지금 이 순간을 미래에 대한 투자라고 생각하자. 청소년기에 어떤 목표를 갖고 그것을 이루기 위해 얼마나 노력하느냐에 따라 미래의 네 모습이 결정된단다. 지금의 힘든 시기를 잘 견디고 나면 자신감이 생겨 앞으로 어떤 어려움이 닥치더라도 잘 견뎌 낼 수 있을 거야.

각자에게 주어진 단 한 번뿐인 인생은 그 무엇과도 바꿀 수 없이 소중해. 마지막일지도 모를 오늘을 소중하게 보낸다면 어제와 다른 내일을 맞게 될 거야.

7	어떻게 살아야 인생을 값지게 사나요?		
작성자	간지남	댓글	3

어른들은 공부나 하라고 말하지 인생의 가치나 살아가는 법을 가르쳐 주지 않아요. 공부가 인생의 전부는 아닌데 학교 갔다 오면 학원 가고, 학원 갔다 오면 숙제하기도 바빠요. 운동도 하고 싶고 음악도 하고 싶은데 하루하루 경쟁으로 되풀이되는 생활 속에서 어떤 삶을 추구해야 할지 모르겠어요.

열공해 ::: 간지 나게 살려면 공부부터. 행복은 성적순~

폭풍간지 ::: 마자마자 ㅋㅋ. 오! 길 잃은 한 마리 양을 구하소서.

까칠까칠 ::: 그렇다고 딱히 잘하는 것도 없으면서…….

신호현 선생님의 답글입니다.

선생님도 중학교 때엔 내가 뭘 잘하는지, 뭘 해야 하는지 잘 몰랐단다. 선생님은 시골에서 자라서 학교에 갔다 오면 동네 친구들과 뒷산에 가서 뛰어노느라 바빴어. 미래에 대해 계획하거나 값진 인생에 대해 생각할 틈도 없었지.

다행히 동네에 가깝게 지내는 형들이 많아서 그 형들에게 많은 것을 배웠단다. 그때 형들이 보던 책, 형들의 조언이 나에게 지침이 되었지. '노력의 대가는 거짓이 없다', '지금 남과 같으면 미래도 남과 같을 수밖에 없다', '남과 다른 나를 발견하라'는 형들의 말이 가슴속에 아직도 남아 있단다.

네가 인생을 값지게 살고 싶은 것은 당연한 고민이야. 너의 고민은 인생의 가치관을 정립하는 과정에서 매우 중요한 것이지. 그런데 막상 이런 고민에 귀를 기울이고 조언해 줄 사람을 찾기가 쉽지는 않을 거야. 선생님처럼 주위에 형들이 많다면 큰 도움이 되겠지. 그렇지만 그럴 형제도 없고, 부모님이나 선생님께 진지하게 물어보자니 어렵고, 친구들에게 심각한 고민을 털어놓기도 어렵다면 더욱 힘이 들 거야.

선생님이 중학교 때 읽었던 책 가운데 〈꽃들에게 희망을〉을 네게 소개해 주고 싶구나. 이 책에는 반복되는 삶에서 벗어나고픈 줄무늬 애벌레 한 마리가 등장해. 어느 날 다른 애벌레들이 모두 벌레 기둥을 오르는 것을 본 줄무늬 애벌레는 목적도 없이 그 뒤를 따라 오르려 하지만, 결국 깨달음을 얻어 나무에 올라가 고치를 틀고 나비가 된단다.

그때는 이 이야기가 단순히 나비가 되는 애벌레의 이야기인 줄 알았어. 하지만 인생을 살면서 이야기의 숨은 의미를 알 것 같더라. 우리는 단지 배부르기 위해 먹고, 편하게 살기 위해 공부를 하고, 더 큰 힘을 가지기 위해 위로 오르지. 애벌레가 목적도 모르고 벌레 기둥을 오르려 했듯이 말이야. 하지만 결국 고치를 트는 고통을 견뎌야만 날개를 달 수 있고 비로소 나만이 아니라 남도 생각하는 삶을 살 수 있단다.

값진 인생, 멋진 인생을 원한다면 내가 중심인 사고에서 벗어나 남이 중심인 사고를 받아들여야 해. 힘들게 공부하는 것도, 돈을 많이 버는 것도, 권력을 얻어 남을 부리는 것도 결국 나만 편하게 잘 먹고 잘 살기 위한 것이 아니란다. 사람은 남과 함께 더불어 살기 때문이지.

슈바이처 박사는 29살에 너와 같은 고민을 하다가 뒤늦게 자신이 교수로 있었던 대학에 의학부 학생으로 다시 입학했어. 인생의 목표가 정해진 그에게 공부가 즐거웠겠니, 지겹고 짜증났겠니?

교육의 근본이념이 뭔지 아니? 너무 어려운 질문인가? 알고 보면 쉬워. 들어 봤지? 홍익인간(弘益人間)! '널리 인간을 이롭게 한다'는 말. 우리가 교육으로 얻으려는 가치는 나 자신보다 남을 먼저 생각하고 널리 인간을 이롭게 하는 것임을 명심해 두렴.

간지남아! 네 닉네임이 말해 주듯 너의 인생은 이제부터 간지가 날 거야. 매일매일 새로운 일에 도전해 보렴. 그 도전이 너의 등에 날개를 달아 줄 거야. 저 푸른 하늘로 솟구칠 독수리의 날개를!

중학생활백서

초판 1쇄 발행 • 2009년 2월 23일
초판 5쇄 발행 • 2013년 2월 28일

지은이 • 53명의 중학 교사
그린이 • 노미경, 송옥진, 최정미
펴낸이 • 강일우
책임편집 • 이용포, 최윤영, 송기철
디자인 • 강씨닷컴
맥편집 • 김명희
펴낸곳 • (주)창비
등록 • 1986년 8월 5일 제85호
주소 • 413-120 경기도 파주시 회동길 184
전화 • 031-955-3333
팩시밀리 • 영업 031-955-3399 · 편집 031-955-3400
홈페이지 • www.changbiedu.com
전자우편 • gilbakse@changbi.com
인쇄 • 한교원색

ISBN 978-89-364-7161-3 43370